わが日常茶飯

——立ち飲み屋「ヒグラシ文庫」店主の馳走帳——

中原蒼二

はじめに

1969年。おれは20歳だった。そう、今や誰も見向きもしなくなった、かのポール・ニザンの名言「ぼくは二十歳だった。それがひとの一生でいちばん美しい年齢だなどとだれにも言わせまい」という20歳だった。

なにも怖いことはなかった。「世界」はすべて理解できると思い込んでいた。一部先進国の文化が同時性のもとに成立した、歴史上初めての瞬間が眼前にあった。しかし、不安がおのれの全身を覆ってしまう予感もすでにあった。

1969年。街頭は世界的な学生運動の高揚で騒然としており、演劇・映画・美術・舞踏・音楽・写真など様々な分野で、それまでの価値を否定し、新たな方法の提出が相次いでいた。まさに「実験とスペクタクル」の時代だった。

おれはといえば、ワケあって大学にも行かず（行けず）、たまにアルバイトをして日銭を稼ぐくらいで、ただただ「無為の日々」を過ごしていた。

1969年。約半世紀も前のことで、どうしてそうなったか詳しくは思い出せない。なにしろどこかのバイト先で、サンケイ新聞に掲載されていた檀一雄の「檀流クッキング」を見かけて、おれは何気なく、積まれていた古新聞のなかから、その１ページを抜きとりアパートに持ち帰った。

今、調べてみると「檀流クッキング」は、１９６９年２月から、毎週１回サンケイ新聞に掲載され、休載もあるが１９７３年６月まで続いた。おれにとっては20歳から24歳のあいだだ。

忘れもしないが、その持ち帰った記事「檀流クッキング」には「ヒヤッ汁（ちる）」という、今まで見たことも食べたこともない〝料理のレシピ〟が掲載されていた。

少し長いが引用する。引用は後年編まれた文庫本『檀流クッキング』から。

「簡単にいってしまうなら、麦メシをたいて、その熱い麦メシをお椀に盛り、その上から、濃いめのダシでドロドロにといたみその汁をつめたく冷やして、その熱い麦メシの上にかけながら、これをトロロのあんばいにゾロゾロとすすり込むようにして食べる。

薬味に、ネギだの、青ジソだの、サンショウの葉っぱだの、ミョウガだの、ショウガだの、キュウリだの、ノリだの、時にはコンニャクのせん切りだのを、きざんでのっけて食べると、何かこう、鬱陶しい梅雨が晴れわたって、暑い夏を迎える勇気がコンコンと湧いてくるような、痛快な真夏の味がする…（後略）。」（檀流クッキング）

こういう塩梅である。

おれは何日かのち、魚屋で鯵の干物を求め、軽く炙って身をすり鉢であたり、それに冷やした味噌汁を投入。冷飯の上に手近にあった薬味をのせ、鯵のすり身入り味噌汁をぶっかけて、「ヒヤッ汁」を一気に食った。なにか、冷たいものが一瞬芳香とともに体内を駆け降りていく。

まさに「新しい天体」との遭遇だった。

それ以降も、サンケイ新聞に掲載されている「檀流クッキング」を見かけるたびに持ち帰り、作って食べた。例えば〝酢カブ〟であったり、〝えびとそら豆いため〟だったり、〝船場汁《せんばじる》〟だったりした。寒い頃には〝クラムチャウダー〟も作ったし、狭いアパートに友人を集めて〝羊肉のしゃぶしゃぶ〟を実演・開陳したりした。

今でも、夏になるとヒヤッ汁を何度も食うし、鯖や鯵の中骨が出ると船場汁にするのが習慣になっている。

おれは可笑しな子供だった。なにしろ高校生の頃には、吉田健一の『舌鼓ところどころ／私の食物誌』を読んでいた。家には『暮らしの手帖』が定期購読されていた。

だが、自分で食うものを自分で作る、というキッカケは「檀流クッキング」であった。

あれから、どのくらいの時間が経ったろうか。

外食して美味しいものに出会ったら、自分で作ってみる。オープンキッチンを横目で見ながら、作り方を盗む。いろいろな街に行くとまずは市場に出かける。それらも習慣になった。

また、ほぼ同時期（1974年）に『庖丁文化論　日本料理の伝統と未来』（江原恵／1974／エッソ・スタンダード石油広報部発行の非売本。のちに講談社からも刊行）という衝撃的な著作が送られてきた。

これまた、経緯は思い出せないが、その頃から知り合いのつてをたどって、「業界誌」などに雑文を書きはじめていて、送付先リストの末端に入っていたのかもしれない。

内容は、驚くことにプロの料理人である江原恵さんが、冒頭から「日本料理は敗北した。正確には、日本の料理屋料理は敗北した」と書き記しているのだ。

自分と自分の生活にはまったく無縁ながら、雑読のおれは、白崎秀雄著『北大路魯山人』をすでに読んでいて、「日本料理業界」とか「日本料理人」とかいろいろとあり、そのなかで料理の素人であった魯山人が、日本料理史に一時代を画した天才であったことなど、おぼろげな輪郭のなかで理解していた。

江原さんの『庖丁文化論』によると、1970年代のその頃、日本料理をなりわいのてだてとしている業界人や調理師たちが、唯一の聖典として尊重し、貴重視している文献があった、という。

『日本料理法大全』（1898）である。著者は江戸幕府諸藩料理師範で、明治になって宮内省大膳《だいぜん》職庖丁師範を務めたという石井治兵衛。

江原恵という日本料理人は、『庖丁文化論』のなかで、聖典視されていた『日本料理法大全』を次のように書いてしまう。

日本料理の伝統と未来
庖丁文化論
江原 恵
energy books

「この分厚いページに盛られた雑多な記事の集大成は、未来に繋がる日本料理史にとっては見落とし得ない文献であると同時に、これほど有害な誤解を世に植えつけてきた書物もないであろう。」（庖丁文化論）

江原さんは、この著書でなにをいわんとしているのか。

「日本料理の未来史はどうあるべきか。…（中略）…結論的にひとことでいうなら、特殊な料理屋料理（とその料理人）を権威の頂点とするピラミッド型の価値体系を御破算にすることである。家庭料理を料理屋料理に隷属させる食事文化の形態を、打ちこわして、根本的に作り変えることである。」（庖丁文化論）

さて、江原さんばかりでなく、檀さんの言葉も引用しよう。

「ご承知の通り、私は、料理の専門家でもなく、庖丁さばきの大家でもなく、ただ十歳のころから、ヤミクモに、自分の食べるものは、自分でつくって、食べてきたとい

う、男である。」（檀流クッキング）

時は、1969年（檀流クッキング）から1974年（庖丁文化論）のあいだである。それまで、文人のなかには「美食家」といわれる人たちがたくさんいた。しかし、自分で「つくる」人はそんなに多くはない。檀一雄が嚆矢《こうし》ではないか。江原さんは、料理屋料理（とその料理人）を権威の頂点とする価値体系を、料理人として果敢に攻撃した最初の人ではないか。
おれが茫然と生きていた時代は、そういう時代だったのである。

檀一雄と江原恵から教わったことは、権威に頼らなくとも、料理本なんかに書いてある通りに作らなくても、それはそれなりに旨いよ、自分が食べるものは、それでいいんだ、ということであった。

ヒグラシ文庫の酒肴

ヒグラシ文庫のこと
―鎌倉に開店した、古書のある立ち飲み屋―

２０１１年3月11日の東日本大震災という天災と、その後の人災は、多くの人に本当の意味で大きな影響を与えた、と思う。

あの日、おれは品川駅近くの喫茶店で、友人と打ち合わせという名目の雑談をしていた。

大きな揺れがきて、店内は総浮き足立った。誰もが、これは「ただごとではないんじゃないか」という顔をしていた。友人と別れて京急に向かい、そんなに待たずに電車に乗ったが、その電車も途中で止まってしまい、多くの乗客とともに線路沿いの道を歩いた。どこで下車したのか、今ではまったく思い出せない。自分では冷静のつもりだったが相当に混乱していたのだろう。

だんだんと暗くなり、通常の生活を送っているかのように見える地域もあるが、全体が停電していて真っ暗なところもあり、不安になった。

20時くらいに逗子の家に帰り着いた。4～5時間歩いたと思われるが、どこをどう歩いたのだろう。

家は停電しているだけで、被害をまったく受けていなかったが、さて、どうしようと思っているときに携帯電話がなった。

「今、どこにいる？　みんな三遊亭に集まっているよ」

友人からだった。

おれは急いで、三遊亭という立ち飲み屋に向かった。

甚大な被害を被った人から見たら、おれの場合など、とるに足らないことだろう。だが、薄っすらとロウソクの灯る三遊亭が見えてきたとき、おれはなにか救われたような気がした。


家と仕事先だけではなく、もう一つの「場所」が必要だ。それを自分で作ろう、と思った。不動産屋にいき、空き物件を探しはじめた。友人たちに声をかけ、無理難題を相談した。店はじきに決めた。看板絵は牧野伊三夫画伯が描き、書棚を配した店内デザインや内装工事なども、すべて友人たちの手によって仕上げられた。こうして、「ヒグラシ文庫」という立ち飲み屋は震災の翌月、４月20日にオープンした。

それから7年が経つ。

ヒグラシ文庫は、数人のメイン・スタッフと、数人のサブ・スタッフが、日替わりのようにして店を回す。メインのスタッフは肴の仕入れ、仕込み、調理を担当し、サブ・スタッフは飲み物を作る。

メインのスタッフも、誰ひとり包丁修行などをした経験者はいない。ただ、一生懸命作る。お客さんにほっとしてもらおうと、サブ・スタッフは動く。

メイン・スタッフが代わるたびに肴も変わる。しかし、時間が経って「名物」とでも呼びたいものが出てくる。例えばおれの場合は、ポテトサラダ、揚げづけ、酒盗チーズなど。


友人から「中原さんは一貫してコミュニストだよね」といわれたことがある。

おれは「共産主義者だったことは一度もない」と答えたが、その人がいいたいことはわかっていた。

「店はせまい、でも遠くへつながっている」という店の惹句にもあるように、「繋がり」を基軸とした「コミュニティ（共同体）主義者」だと思われている節がある。しかし、そういううるわしい共同幻想は、おれのなかにはとうにない。
いくら手を繋いでも人間は離れているし、それぞれ異質なものが手を繋いでいて、その繋ぎ方が非常に切実なものになる。手を繋いでいるけれど、その繋がり方が少しずれている、というような、そういう両義的なポジションに「ヒグラシ文庫」は立ちすくんでいる。

（2018年4月）

ヒグラシ文庫
●鎌倉店…神奈川県鎌倉市小町2-11-11　大谷ビル2階
080-2561-7419
●大船店…神奈川県鎌倉市大船1-19-3　昌和ビル102
090-4738-4640

ヒグラシ文庫のレモンサワー
―金宮焼酎・氷・炭酸・カットレモン。旨いと感ずる割合―

ヒグラシ文庫では「正統レモンサワー」という、少し恥ずかしい名前でお出ししている。当然、なにゆえに「正統」という、店に似合わない言葉がついているのか、という疑問が出てこよう。

昔の話になる。

45年ほど前に、おれは中央線のどこかの町（高円寺か西荻だったか）の、場末感たっぷりの飲み屋で安酒を飲んでいた。

隣に座っていたヨイヨイなオヤジが、急に、「焼酎界の大関はなんだか知ってっか」と聞いてきた。おろおろして答えにとまどっているおれに、「なんだそんなことも知らねいのか、金宮だよ、金宮っ！　いっぺい行くか」と、さっさとおれの分を注文してくれた。

受け皿にもコップにも、なみなみと注がれた金宮が出てきた。25度焼酎正一合であ

宮

る。梅シロップを数滴垂らして飲んだ。旨いものだった。すぐにタガが外れた。何杯飲んだかも、ごちそうしてくれたオヤジがどうなったかも、皆目わからない。

数日後、おそるおそるその飲み屋に行ってみた。オヤジはいなかった。周りを見ると、どうも金宮を生《き》で飲んでいる人は少ない、多くの人は金宮を炭酸で割った「レモンサワー」を飲んでいる。それも、レモンなしの「サワー」と、カットレモンが入った「レモンサワー」2種あることが理解された。

生の焼酎は、人生の下降線をどこかに感じさせる危うい、しかし止められない旨さであり、レモンサワーは、行手がいかに茫洋としていても、先になにか少しの明るさを感じさせる旨さだった。

それから、何千杯の金宮レモンサワーを飲んだろうか。何杯飲んだか数えても、死児の齢を数えるよりもなおのこと無駄である。無駄には飲んだが、おれはそのうち、どういうバランス（焼酎、氷、炭酸、レモンの割合）が旨いのか、ということが気になって、金宮の四合瓶、氷、炭酸、カットレモン一式を注文し、自分が旨いと感ずる割合を探した。

結果、400cc入る金宮グラスに、金宮は正半合（90cc）、氷はグラスいっぱい、そこにカットレモンを絞り、炭酸を注ぎ込む。もちろんすべて冷えていなくてはいけないし、炭酸注入後は撹拌していけない。この割合で作る「レモンサワー」を、ヒグラシ文庫では「正統レモンサワー」と呼んでいるわけだ。

旨い、と思います。

※金宮焼酎とは

亀甲宮（キッコーミヤ）、通称「金宮（キンミヤ）」は、三重県四日市市にある酒造メーカー「株式会社宮崎本店」が製造する〝甲類焼酎〟。

金宮を造る際に使用する仕込み水に「鈴鹿山系の伏流水」を用い、これは極めて硬度が低い軟水で、ミネラル分がほとんど入っていないため、ピュアですっきりした味わいのなかにも、まろやかな甘みがある、といわれている。

金宮一升瓶のラベルは、どなたがデザインしたのかわからないが、甲類焼酎の一等を自ずから伝える気品を感じさせる。金色の亀甲のなかに「宮」の字があり、亀甲宮（キッコーミヤ）、通称「金宮（キンミヤ）」の由来である。

リンゴ入りのポテトサラダ
―ヒグラシ文庫の定番―

幼児期に大好きだったもの、じゃが芋。牛乳を温めておく。茶碗に盛られたご飯のなかに、熱いじゃが芋を入れつぶす、バターを溶き入れる。牛乳をかけ、硬軟を調整する。

何度も何度も飽きずに食べた。50年は食べていないけれど（食べたいわけでもない）。もしかしたら、おれにとっての、最初の食べ物の記憶。

今思うと、これって「ライス入りマッシュ・ポテト」と命名できそうだ。

さて、ポテトサラダ（ポテサラ）である。

ヒグラシ文庫を開店してから一番多く作ったもの、ポテサラ。北海道・今金産の男爵芋が払底する期間を除いて、出番の日はほとんど作る。おれが作るポテサラは、基本中の基本のポテサラと自認する。

材料はごく普通。

・今金産の男爵芋
・ニンジン
・玉ねぎ
・キュウリ
・リンゴ

芋をビニール袋に入れてレンジでチンする。袋のなかで芋を蒸かす要領だ。レンジは一気に何十分も連続して使えないようになっているので、何回も芋の入った袋の天地を換えて加熱する。

そのあいだに、玉ねぎを刻み、少量の塩をしておく、キュウリも同じ要領で。リンゴは早く刻み過ぎると色が変わる。玉ねぎ、キュウリをそれぞれ水で塩を流し、晒し布で絞り水を抜く。

30分くらいすると芋が蒸し上がっていて、袋のなかに結構な水分が出る。指を冷やす水を準備し、熱々をむいていく。ニンジンは同じくレンジでチンするが、硬めにする。大きな鍋で芋をつぶす。熱いうちに塩と辛子と少量の酢を入れる。玉ねぎ、キュウリ、リンゴ、ニンジンを入れてザックリと混ぜ、そこでマヨネーズを投入。

おれのポテサラは、材料から水分を抜くことが肝である。味の濃いぽってりした、ポテサラができあがる。手馴れていても、1時間強はかかる。

『BRUTUS』（2013年7月15日号）に、ヒグラシ文庫の「ポテトサラダ」が1ページ載った。写真は旧知の長野陽一さん。まれに京都や九州など、遠方からのお客様が、ポテサラを注文される。聞いてみると、はたして『BRUTUS』を見て、鎌倉に行ったらヒグラシ文庫でポテサラを食べよう、と思っていた、と。メディア、恐るべし。ポテサラ、恐るべし。

チーズ！　この芳しきもの　―酒盗チーズ・熟女のブルース・明太チーズ―

その日まで、おれはチーズとは「プロセスチーズ」のことだと思っていた。美味しくもない、食べなければ、それはそれでよいものだった。

今はどうか知らないが、おれの同世代の一部（それも極めて少数）には、共通の若年性流行病に罹患する、笑える一群が存在した。

高校から大学にかけて、立原道造、中原中也、そしてランボーにかぶれてしまう一群である。

学生の頃は、なにしろヒマだった。好都合なことに、ほとんど「講義」がなかった。仕方がないので本を読みあさった。

そんななかで、『ランボーの沈黙』（竹内健／1970／紀伊國屋新書）という著書に出会った。それまでにも、何冊かの「ランボー論」を読んではいたが、とりわけ刺激的な本だった。

まあ、そんなことはいい。若い、ということは「無恥」と同義語である。

おれはある日、著者である竹内健さんと知り合いである、という友人にせがんで、竹内さんのご自宅に押しかけた。そして、赤面の至りであるが生硬な「ランボー論」を吹っかけたのである。ご迷惑なことであったと思う。

やがて、赤ワインが供され、見たこともない食べたこともないものが酒肴として出た。カマンベールというチーズだった。チーズって、こんなに旨いんだ。近寄ったら火傷するぞ、というような美味しさだった。

それ以降、思いがけずにお金が入ったときなど、カマンベールと安赤ワインを購入し、ひそかに愉悦に浸ったりした。カマンベールを上下に半割りにして、味噌を塗って焼き、小ねぎを散らして食べることなどの小技をあみだしたりした。

プロセスチーズとは、味は問題ではなく保存のために作られたものだ、ということを知り、カマンベールは、フランス、ノルマンディ・カマンベール村のチーズの意だということも知り、やがて「ブルーチーズ」にハチミツをかける、ことなどを覚えていった。

竹内さんのお宅に押しかけたのは、1970年5月24日である。ご著書『ランボーの沈黙』にサインをいただいた。

竹内先生はご健在であろうか、83、4歳になられたかと思う。

チーズ酒肴3種の作り方はひとまとめにしているが、それぞれ別な飲み屋で出会い、感動したものである。自分で作るようになってアレンジを繰り返したので、原型はとどめていないかもしれない。

○酒盗チーズ

クリームチーズの上に、酒盗（鰹の内臓の塩辛）をのせ、青ねぎを散らす。酒盗に変えてイカの塩辛、〝うるか（鮎の内臓の塩辛）〟なども試したが、酒盗の圧倒的な勝ち。

○熟女のブルース

なるべく肉厚の干しいちじくに、水平に切れ目を入れる。そう、二枚貝のように。そこにブルーチーズ、賞味期限が切れかかったようなもののほうがいい。それをナイフなどで塩梅よくはさみ込む。ブルーチーズが多ければいいというものでもない。仕上げにハチミツをかける。

命名、故・瓜南直子（かなん なおこ）画伯。

○明太チーズ

クリームチーズと同量の明太子、刻んだ干しいちじくあるいは刻んだレーズンを軽く混ぜる。青ねぎを散らす。これは、何軒もの飲み屋で食った。タバスコがかかっている店もあった。クッキーなどが随伴して、けっこう高い店もあった。

酒盗とチーズ入りオムレツ

―ありもので作る、ある晩のまかない―

卵に酒盗とマヨネーズを入れ溶く。フライパンに油をしき、卵を入れたら塩コショウをし、とろけるチーズをのせる。少し固まってきたら火を止め、オムレツの形を作るまねをする。

なにしろ卵に酒盗を入れて焼くだけで旨い。

エッセイ・ある画家が愛した、ヒグラシ文庫のカウンター

私の居場所

瓜南直子

中原蒼二さんは、うちから500歩のところにある立ち呑み「ヒグラシ文庫」の店主である。「ヒグラシ文庫」は、永く行き場を失くしていた私に、居場所を与えてくれたありがたい店だ。

ここは、よくある立ち呑みとはまるで違う。何から何まで違う。まず、立ち呑み屋なのに古本屋を内蔵している。そして、立ち呑みだから、安いんだから、という投げやりなメニューがいっさいないのである。

豆腐は毎日手作り。冷奴とは別の塩豆腐にかける「塩だれ」も、濃い出汁と塩と淡口醤油などを合わせた中原さん特製のもの。旨味たっぷり。ポテトサラダも北海道直送のじゃがいもで中原さんがていねいに作る。ほんとにおいしい。塩辛も酒盗も手作り。

鯖の燻製も手作り。小ぶりな鯖をさばいて塩で〆て、さらに塩出しをしてから、燻製にかけるのだという。私は、これを玉ねぎとサワークリームと一緒にパンにはさん

で食べたい。鯖の燻製をお持ち帰りして、家で作って食べればいいのだけど、なんだかおもしろくない。材料を持ち込んで、見せびらかしながら食べたいという悪い嗜好を持つ、店としてははなはだ迷惑な客であるのだ私は。でも中原さんは「どうぞ、かまいませんよ」と言って下さるので、そのうち実現したいとたくらんでおるのだが、そういう時に限って、お客さんが一人もいなかったりするんだ、これが。

鯖の中骨は船場汁になる。カボスも添えられている。鶏の変わりつくねは、頸の軟骨が入っていて食感が楽しい。さんまの刺身もおいしかった。さんまの刺身がこんなに甘いなんて、とただただ感動。つみれ汁も絶品だった。

私が「熟女のブルース」と呼ぶ「いちぢくとチーズ」がまたなんとも…。カマンベールとブリーやブルーチーズをブレンドした特製チーズを乾燥いちぢくにはさんである。これがなんとも「いけませんねェー」という味なのである。これは圧倒的にワイン向き。

そして圧巻は「まぐろの血合いの燻製」。生のまぐろが手に入った時だけ、中原さんが作る、ほかでは食べたことのないもの。血合いの血を抜きながら、旨味は逃さぬように下味をつけて燻製にかける。

これらがすべて２００円～３５０円という値段。

メニューにない酒盗豆腐を頼んだら、３００円で受けてくれた。

営業中も仕込みをしていたりするので、そのていねいな仕事を見ながら呑むのがまた楽しい。見ているからこそ、こうして解説出来るわけで。


――瓜南さんは、ヒグラシ文庫開店すぐからの、最初の〝常連〟さんであった。２０１１年５月くらいから、その年の大晦日まで、来店されなかったのは、わずか数日であったろう。当エッセイは瓜南さんのブログからの抜粋である。（著者）

瓜南直子（Naoko Kanan）
１９５５年石川県生まれ。画家。１９８１年東京藝術大学美術学部工芸科（鍛金専攻）卒業。１９８２年より鎌倉に在住。２０１２年６月急逝。絵を担当した著作に、『ねこが見た話』（福音館書店）、『ぼっこ』（偕成社）、『あやしが丘のおばけらんど』（文研出版）などがある。逝去後、『絵画を生きて　月の消息』（作品社）、『瓜南直子作品集　兎神国物語』（青幻社）が刊行。

手作り豆腐

―夜明け間近の豆腐屋の話―

好物は〝大豆系〟である。少々エラそうに書いてみたが、要するに〝納豆〟、〝豆腐〟、〝油揚げ〟の類には目がない。いずれも、どう食おうが旨い。

例えば、豆腐。冷奴にしても湯豆腐にしても、不味くしようがない。湯豆腐など、おれは最低2丁は食う。

昔々、小田急線の東北沢と井の頭線の池ノ上の、ちょうど真ん中あたりに住んでいた。歩いてすぐに豆腐屋があり、下北沢で飲んで、夜が未だ明け切らない頃、その豆腐屋の開店に遭遇することが、まま、あった。
ある日のこと、土工風のお兄さんが、店頭でできたての豆腐、まだ水に放っていない温かい豆腐を所望している。そこらにあった皿に2丁、それにあったら一味唐辛子と醤油をかけてくれ、と。お兄さんは、あっという間に豆腐をかきこんで、金を払って去っていった。見るからに旨そうだった。

近所の豆腐屋で豆乳を買ってくる（なるべく濃いものがよい）。1ℓの豆乳に、北陸から取り寄せたにがりをペットボトルのキャップ3杯ほど入れて、10分程度蒸すだ

け。できあがったら岩塩、オリーブオイル、小ねぎを振りかける。

〝豆腐〟はなぜ旨いのか。そんなことを思うのは面倒だが、豆腐も歳をとってからのほうが旨く感じる食べ物ではないか。

好きな俳人、久保田万太郎によく知られた次の句がある。

湯豆腐やいのちのはてのうすあかり

万太郎の俳句は、芥川龍之介が「東京の生んだ嘆かひの発句である」と評したとおり、東京下町の市井の生活に根ざしたノスタルジーが漂う。

「湯豆腐や――」の句は、社会的高評価を受けつつも、俳人の流寓の人生をあらわしているかのようだ。

豆腐は、しみじみと旨い。

油揚げ
―手を加えない贅沢―

油揚げは、酒肴のなかで最強無類である。若い頃、シブいおかみさんがいる飲み屋で、ねぎ入りの納豆を開いた油揚げに入れ、焼いたものを初めて食べたとき、おれはついに大人になったような気がしたものだ。油揚げは、ただ焼いてちろりと醤油を垂らすだけで旨い。なにもいらない。少し手を加えるとするならば、生姜をすりおろし、ねぎを刻むと贅沢な気分になる。

油揚げはキツネの好物とされるが、その関係はよくわからない。日本オカルト界に暗然と輝く、陰陽師の安倍晴明は、人間とキツネのあいだに生まれた子とされているが、油揚げを食べるときに、安倍晴明を思い起こすこともない。

本来は「きつねうどん」の項に書くべきだったと思うが、今、思い出したのでここに書く。

1973年2月8日、後楽園ホールで行われた「唐十郎 四角いジャングルで唄う」の会場におれはいた。このイベント、後楽園ホールの特設リングで唐十郎、李礼仙、大久保鷹、不破万作、四谷シモンら状況劇場の名うての役者たちが歌い演じた。

四谷シモンが「けつねうどん」という劇中歌を歌った。歌詞を調べたがわからなかった。隣の女性客が、李礼仙が登場すると熱狂的に「シモン！　シモン！」と声をかけ、四谷シモンが登場すると「李っ！　李っ！」と立ちあがって声をかけるのだった。45年も前のことなのに、どうでもいいことだけは、よく覚えている。

○栃尾揚げ

新潟・長岡市の名産品「栃尾揚げ」を時々、少し高めのスーパーで見かけることがある。見かけると購入することが多い。一般的な油揚げと比べると厚く重い。飲み屋でも、栃尾揚げのピザ風とか、チーズ納豆はさみなどのメニューがたまにあるが、見下げた心根である。油揚げはすべからく、醤油だけか、せいぜい、ねぎと生姜に止めなくてはならない。

○揚げづけ

ずいぶん前に、お土産として「揚げづけ」をもらった。お土産として出色で、すぐに作ってみた。完璧に近くコピーできた、と思う。

調べてみると、飛騨高山とか下呂方面の食べ物のようだ。きつねうどんのきつねを煮るのと基本は同じで、違いは油抜きしないだけ、あるいは本場では油抜きをしているのかもしれない。酒のアルコールを飛ばし、出汁と砂糖と醤油で調味する。落とし蓋をして、ゆっくりとふんわりと煮る。それを、トースターなどで表面をカリッと焼く。油揚げはもともと揚げてある。それを煮て焼くのだ。不味いわけがない。揚げづけの油揚げは、京都の「久在屋」のものを取り寄せて使っている。残念だが、油揚げは京都のものにかなわない。

麺こそ人生

うどん　―きつねうどん、ずりずりうどん―

おれは麺好きである。麺食いである。

麺といえば、ラーメン、蕎麦、うどん、ソーメン、スパゲティー、冷麺、とあげればきりがないが、どれも好きである。なにしろ麺を食べない日がほとんどない（360日くらい食べる）。

そのなかでも、とりわけ多いのが「うどん」である。手打ちうどんとか足踏みうどんではなく、普通の乾麺。もちろん、きつねうどん、ずりずりうどん、だけではない。刻みねぎと柑橘を絞り込んだ素うどんをはじめとして、九条葱たっぷりの九条葱うどん、天ぷら屋の店頭に置いてある無料の揚げ玉をいただいて作るたぬきうどん、少し残ったカレーで作るカレーうどん、寒い時期なら、けんちんうどん、スジ煮込みうどん、などなど。

ずいぶん前、おれは、関西ののびたような（おれにはそう思えた）うどんがダメだった。乾麺を食べていて、なにをいうか、であるが、硬いうどんがいいと思っていた。ちょ

うど、関東に四国の手打ちうどんが襲来したこともあって、角が立っているようなうどんが好きだった。

その後、北九州市に住むようになって、うどん屋でくたくたのやわらかいうどんを食べてみて、ああ、おれはこれから3年もこのようなうどんを食べなければならないのか、と思うと流刑者の気持ちがわかったような気がした。

ところがである。二日酔いの日の昼食に温かいうどんを食べると、荒れた胃に優しく、甘めのつゆが旨いのである。そういえば、京都でも二日酔いの朝はうどんを食べていた。それ以来、関西以西のやわらかいうどんが好きになった。そのうち、すき焼きの残り汁に茹でたうどんを入れておき、次の日の朝、すき焼きの汁を十分に吸い、2倍ほどに膨張したうどんに生卵をからませて食べるのも大好物になった。


うどんのことを考えていると、いろいろなことを思い出す。学生の頃、小さな冷蔵庫を開けると、マヨネーズと醤油しかなかった。なけなしの小銭を集めて近所のスーパーで300g、100円くらいの乾麺を買った。空腹に耐えかねて300g全部を茹でた。茹で上がりのうどんにマヨネーズと醤油をかけて食ったが、途中で食べ進めることができなくなった。悪いが、あれは不味い。

うどんは麺のなかでも、控えめの部類に入る。例えば、うどん屋店主がラーメン屋店主のように、腕を組んで暴走族上がりのような写真をネットにあげることはない。博多の有名うどん店に行ったときなど、お客さんが、ここのうどんがいかに旨いか、という話をするときでも、まるで出来の悪い家族のひとりについて話すような空気が流れた。

○きつねうどん（けつねうどん）

甘みを煮含めた油揚げを、うどんにの

せると「きつねうどん」、同じく甘く煮た油揚げを袋にしてすし飯を包むと「稲荷ずし」になる。

もうずいぶんと前、大阪の「元祖きつねうどん　松葉屋」に行ったことがある。そこにあった小雑誌に、きつねうどんの由来が書いてあった。最初は、素うどんに魚のすり身の天ぷらと揚げを別盛りで出していたようで、ところが、見ているとお客さんは揚げをうどんのなかに入れて食べる人が多いということに気づき、最初からのせて出すことにした、ということらしい。

油揚げに熱湯をかけて油抜きをする。小鍋に酒を少々、アルコール分を飛ばし、出汁をひたひたに入れ、油揚げを煮はじめる。醤油、砂糖を入れ途中で味見をしながら調整する。ゆっくりとふっくらと油揚げを煮上げること。

○ずりずりうどん

正式名称はわからない。もしかしたら、名前はないのかもしれない。

乾麺を茹でる。茹でてる合間に、納豆を器に入れ、ごく少量の塩を入れてかき混ぜる。

魯山人は納豆を400回もかき混ぜたらしいが、納豆全体が白っぽくなればそれでいい。納豆に卵と薬味とつゆを入れる。

ふだんはそれだけであるが、薬味は青ジソでもミョウガでも、もし前夜の刺身の残りでもあれば、万々歳である。

納豆をもう一度かき混ぜる。その頃、うどんは茹で上がっている。

うどんを茹で汁ごと大きな器に盛る。いわゆる釜揚げうどんである。そのうどんを納豆汁につけて食べる。ものもいわずに食べる。納豆につけたうどんをずずりいわせて食べる。

何十年も麺々と食べ続けてきた、食べ方である。

「出汁《だし》」と「かえし」と「つゆ」と

―わが家の常備調味料―

あるとき、もの知りから「蕎麦つゆ」は「出汁とかえし」からなっている、と聞かされた。「かえし」は醤油、砂糖、味醂を合わせ、1週間から10日ほど冷暗所で寝かせたもの。熟成することによって、醤油、砂糖、味醂それぞれがまろやかになる。それと出汁と合わせて、蕎麦つゆにする。

例えば、かえし3〜4に対し出汁10を合わせ、湯煎にかけ味をみながら煮詰めると、もり蕎麦のつゆに。かえし1に対し出汁10くらいで味をととのえると、かけ蕎麦のつゆになる。

おれは、かなり濃い出汁をとり、かえしと合わせて濃縮したものを常備して、煮物などに使い回す。とても重宝している。

かえしの作り方

・醤油　1・8ℓ

・砂糖　150g
・味醂　270cc

分量は最初に覚えたもので、今は半量ほどを注ぎ足している。

味醂を弱火にかけ、砂糖を入れてよく溶かす。味醂を煮切ってアルコール分を飛ばす、ここで煮詰めないように。強火にして醬油を入れる、絶対に沸騰させないように気をつける、醬油の香りが飛んでしまい、台無しに。大きな泡が、徐々に小さな泡に代わり、醬油の表面が動きはじめる。そこで火を止める。

かえしを作っているときは、火の前で変化を観察しているのがいい。

醬油と味醂を2対1で合わせ、火にかけずに寝かせるだけで熟成させる「かえし」の作り方をなにかで読んだことがある。そんな贅沢なことはできないと思ったが、一度やってみようか、という気にもなっている。その作り方は古くからあって、〝香露がえし〟というらしい。香露がえしにも、濃口醬油で作ったものと、薄口醬油で作ったものがあり、つけ汁には薄口醬油のものを使うという。また、薄口醬油を使った香露がえしと出汁を1対10の割合で合わせると、それはそれは上品なかけ汁になるらしい。

鶏ラーメン

―「外食禁止」の禁を破った高校時代―

ラーメンを初めて食べたのはいつか。それがわからない。はっきりしていることはそんなに子供の頃ではない。なぜなら、おれの育った家《うち》は「外食禁止」だった。物心がついて少し様子がわかってきたとき、両親はけっこうコアな玄米菜食主義者だった。そういうものだ、と思っていたから不自由とも思わなかった。

高校の2年か3年生の頃だった。下校時、向こうから中学時代の顔見知りのワルが来た。今から思うと、そいつはチンピラ未満のパシリかなんかで「たつき」を得ていたのではないか。その男が、ラーメンを奢るから付き合えという。おれは空腹だった。簡単に外食禁止の禁を破った。

今でも鮮烈に覚えているが「学生ラーメン」というものがあり、ラーメンとスープの上に刻んだねぎだけがトッピングされていて40円だった。

澄んだスープの上に、細かい脂が溶けていて、真夏の遠いアスファルト上に幻出する水のように光った。

大げさにいうと、おれが生まれて初めて出会った「新しい天体」だった。こんなに旨いものがこの世にあるのか、と思った。家への帰り道、おれは禁を破った悔悟の念に苛まれた。一瞬だったが。

だから、大学に入って家を出た途端に反動がきた。今でいう「町中華」のラーメンやタンメンを食いたいときに食える自由が嬉しかった。タンメンに途中で酢を入れることも覚えた。少し金があるとラーメンが五目そばや五目焼きそばになった。ごちそうだった。幸せだった。

あのときの、スープの細かい脂は、今でも、まなうらできらめき続けている。

丸鶏を思いきって買い求めよう。

塩、コショウをすり込んで一晩おく。一度沸騰させて煮こぼす。生姜、ねぎの青いところなどのクズ野菜を入れ低温で気長にスープをとる。時々アクや脂をすくう。そのあいだに本を読んだり、爪を切ったり、猫と遊んだりする。つまり、放っておけばいいのだ。

2~3時間が経過、頃合いをみて「できあがり」を決心する。これが基本中の基本のスープのできあがりである。

汁麺の肝はスープである。そのことは素人でもわかる。つまり香りの高い、基本スープがとれると、ほぼ、美味しいラーメンはこっちのものだ。


さて、次に麺であるが、おれの場合、幸運なことに家から十数分も歩けば製麺所がある。「邦栄堂製麺」である。

細麺、中太麺、太麺とあるが、普通のラーメンの麺である。しかし、スーパーなどで市販されている生麺と比べられよ。決定的に違うのが〝香り〟である。普通の真っ当に作られた麺の香りである。

丸鶏の、時間をかけてとったスープと、真っ当に作られた麺を合わせれば、ブルーハーツの歌のような、真っ直ぐなラーメンのできあがりだ。

ラーメンどんぶりに、塩でも醤油でもいい、塩梅する。

熱湯に麺をほぐし入れる。麺は茹で過ぎよりも生っぽいほうがいい。どんぶりにスープを注ぎ込む。麺の上にスープをとったあとの鶏やねぎなどを配す。

ホ
邦栄堂製麺
0467-22-0719
鎌倉市大町5-6-15
全国どこにでも発送いたします。
営業時間 9:00~17:00 火曜定休/午後不定休
。生中華麺(細麺,中太麺,太麺など)…¥90
。醤油ラーメン…¥140
。塩ラーメン…¥140
。冷やし中華…¥140
。味噌ラーメン…¥160
。豚骨ラーメン…¥160
。つけめん…¥160
。餃子の皮・大(50枚くらい)…¥350
。餃子の皮・小(50枚くらい)…¥300
・ワンタンの皮…¥320
・水餃子の皮…¥300
。生蕎麦(3人前)…¥400
。揚メン(2コ入り)…¥170
。めんつゆ…¥50

汁なし麺、和え麺のこと

麺好きだということは、すでに書いた。

沖縄そばを食べに2泊3日の旅をしたことがある。那覇空港にお昼に着いて、空港内の食堂でまず沖縄そばを食べ、帰りに同じ空港内の食堂で沖縄そばを食べじまいするまで、朝昼晩朝と沖縄そばを食べ続けた。

盛岡に、冷麺を食べに2泊3日の旅をした。老舗の「平壌冷麺食道園」はじめ、「ピョンピョン舎」まで、朝はジャジャ麺を食べたが、5食冷麺を食べた。翌年も行った。

汁なし麺というか、和え麺のことを書こう。

記憶をたどると、最初に汁なし麺を食べたのは、多分、四谷の「嘉賓」の「牡蠣ソース和えソバ」ではなかったか。名前のとおり、オイスターソースで和え、具は少量の生姜とねぎだけという極めてシンプルな一品。四谷に行くとどうしても食べてしまう。

20年も前に、小田急線経堂、農大の裏手に短期間住んでいたことがあった。春には、馬術部の厩舎から馬糞の香りが風に乗って匂った。

経堂駅近くに「はるばる亭」という、ラーメン屋というか飲み屋がある。開店少し前に店に行くと、もう店内はいっぱいで、外にも行列ができている日がある。へんくつなオヤジで、その日の気分で開店してしまう。客のほとんどがビールからはじまり、日本酒をゆっくりと飲む。外の客はわかっているので、半分あきらめの気分で1時間以上も並ぶ。

おれは3回に2回は、あっさりだが滋味深い支那そばを食べ、1回は香麺《こうめん》という和え麺を食べた。

香麺は、へんくつなオヤジが、茹で上げた麺と、ラーチャと呼ばれる香辛料と、器の底の〝タレ〟を、よく麺にからまるように和えることを、和え麺を美味しく食べたければ麺が熱いうちに和えることを、しつこいほど指導するのだ。

そういえば、大阪の「葉隠」という、うどんの行列店も、「生醤油うどん」を注文すると、オヤジが、生醤油を右から何回りかけて、絶対にかき混ぜるな、などという指導をすることを思い出した。

しかし、いやなら行かなきゃいいのに、旨いので、ついつい行ってしまう。経堂から引っ越すときに、オヤジは、支那そば、香麺の手書きのレシピをくれたりした。

次に、京急日ノ出町、有名な「第一亭」の「パタン」。

太麺に、にんにくとごま油がきいているタレが回しかけられていて、ここではとりたてて指導はない。やはり具なしでねぎがかかっているだけ。おれは酢をかけて、全体をよく和えて食する。この麺にも一発でやられて、日ノ出町までよく通った。そのうちテレビ番組の「孤独のグルメ」で、主人公がパタンを食べるという回があり、長蛇の列ができて、おれのパタン熱もそれで冷めた。しばらくして行くと、家族経営のスタッフがげっそり痩せていた。

汁なし担々麺も、一時期ブームのきざしもあったが、今はどうなのか。

本場、四川の担々麺には汁がない、という。もともと、担いで売り歩いていたので、汁があると運びにくいし、扱いにくい、という理由。

担々麺というと濃厚なごま汁麺を想像するが、和え麺の担々麺を汁麺にしたのは「四川飯店」の陳建民さんということになっている。そのくせ、自分では絶対に食べなかった（らしい）。

汁なし担々麺は、麺の上に肉味噌というか、肉餡がのっているのが普通だと思うが、具がねぎのみじん切りとザーツァイのみじん切りだけという汁なし担々麺を食べたことがある。タレに当然、芝麻醤《チーマージャン》が入っているので、完全なごま味和え麺だったが、潔すぎた。

パスタ

―旨い歯応えの頂点―

長いこと家で使っているパスタは「ボルカノスパゲッチ」というもので、太さ2・2㎜のものであり、茹で時間は13分である。

うちはメニューによってパスタを変えることはない。例えば、ペペロンチーノでもスパゲティー・カプレーゼ（カプリ風）でも、サーモンと生クリームのスパゲティーでも、納豆と大葉のスパゲティーでも、明太子バター醤油味スパゲティーでも、すべて「ボルカノスパゲッチ」太さ2・2㎜のものである。何十年もスパゲティーを作り続けてきて、あるとき、旨い！　と思うスパゲティーは、すべからく、スパゲティーが上手く茹で上がったときであることに気づいた。そうだ、極意は「茹で方」なのである。

ソースを準備する。準備ができたら、麺を茹ではじめる。麺を茹ではじめてから、あっ、あれをやっていなかったなどと思いつくだけで、この勝負は負けである。煮立った湯に塩を入れる、澄まし汁よりも少し濃いめになるように。スパゲティーを一人分、

130～150gくらいは投入する。10分経過するくらいから鍋前に立ち、一本摘んでは前歯で噛んでみる。もう何年も何十回もやっているので、吐き出さなければならないほどの硬さの麺を噛むことはない。面白いくらいに刻一刻、湯のなかのスパゲティーは千変万化する。しかし、麺の中心に「一筋の意志」とでも命名すべき、くきやかな硬さを残さなければならない。旨い歯応えの頂点は、まさに一瞬である。いわば、在りし日の若乃花と栃錦の立ち合いの一瞬の攻防のようなものである。茹で上げたら、即座に準備してあったソースにからめ、あつあつをすすり込む。このようにスパゲティーとは気合の食べ物なのである。

「スパゲティー・ボロネーズ
スパゲティー・バジリコ
スパゲティー・ペシ
スパゲティー・牛タン
スパゲティー・あさりトマト・ソース
スパゲティー・カルボナーラ

にんにく・スパゲティー
そして冷蔵庫の余り物を出鱈目に放り込まれた悲劇的な名もないスパゲティーたち。

スパゲティーたちは蒸気の中に生まれ落ち、川の流れのように一九七一年という時の斜面を下り、そして消えていった。

僕は彼らを悼む。

一九七一年のスパゲティーたち。」

村上春樹「スパゲティーの年に」
(『カンガルー日和』所収/1983/平凡社)

村上春樹によって書かれたスパゲティーの物語。その短編は次のように終わる。


「デュラム・セモリナ。

イタリアの平野に育った黄金色の麦。

一九七一年に自分たちが輸出していたものが「孤独」だったと知ったら、イタリア人たちはおそらく仰天したことだろう。」

スパゲティー・ボロネーゼ

―スネ肉の旨味が格別。ボローニャ地方の定番―


牛のスネ肉を用意する、量は一人前200gくらい。四人家族なら1kgだ。

フライパンにオリーブオイル、刻んだ多めの玉ねぎ、ニンジン、セロリを入れて、弱火で焦がさないように、野菜の甘みがでるように入念に炒める、これがソフリットと呼ばれるものだ。まずはこれを作っておく。

一晩赤ワインに漬けたスネ肉に塩コショウをして、強力粉をまぶす。

フライパンにサラダ油を温めて、やや強火でスネ肉に焼き色をつける。

煮込み用の鍋にスネ肉を移したら、ソフリットを入れて炒め、焦げつきそうになったら赤ワインを入れる。うちではボックスの赤ワインだが、飲んで美味しいワインは、確実にソースや料理のできあがりの味を高めてくれることも事実だ。そして肉1kgに対して2・5kgのトマト缶を入れて、水で水分を調整しながら、半量になるまで煮込む。

これがボロネーゼソースで、茹で上がりのスパゲティーと合わせる。食すると、ミートソースとはまったく違うことが、一目瞭然となる。

春キャベツとじゃが芋とアンチョビのスパゲティー

―アンチョビから仕込む、春の味―

旬は初夏から夏だと思うが、活きのいいシコイワシが魚屋の店頭に並ぶと、数キロ買ってくる。夜なべして、シコイワシの頭を落とし腹のなかを掃除する、すべて手作業ですむ。強めに塩をふる。数日おくと水が出るので捨て、軽く水洗いし水分をよく切る。それにオリーブオイルを入れ、香りづけにローリエなどを入れてもいい。これを数ヶ月熟成させたものがアンチョビである。これを作っておくと、心おきなくアンチョビが使える。

さて、春キャベツが店頭に並ぶ頃に必ず作るのが、これである。

春キャベツをスパゲティーと同量もしくは気持ち多めに細長く大ぶりに切っておく。新じゃが数個も皮をむき、3～5㎜にスライス。

オリーブオイルをしいたフライパンに、にんにく、アンチョビ、鷹の爪を入れ、香りを引き出す。ソースはこれでできあがり。

スパゲティーを茹ではじめる5分くらい前にじゃが芋を、1分前ほどにキャベツを

入れる。茹で上げたらザルにとるが、少し茹で汁が残っていたほうがよい。今かと待機していたフライパンのソースと強火で和える。

昔々の夏の話。

酔って家に帰ったが、なにか麺が食べたくなった。冷蔵庫には、常備のソーメンの汁があった。しかし、いつもはあるソーメンがあいにくとない。ただし、カッペリーニがあった。ソーメンの汁に小ねぎを入れ、生姜をすりおろし、レモンを絞った。その汁でカッペリーニを食った。

皆さんがいうことだが、相当に美味い。

蕎麦、すし、天ぷらは作らない話

この三つを自分で作ることはない。食べたければ、それぞれ蕎麦屋、すし屋、天ぷら屋に行く。できたてを出されたら、すぐに食べる。それぞれの職人さんに対するオマージュを持っているので、自分で作ることはない。

蕎麦のことを書く。

神田・淡路町の「神田まつや」の近くで仕事をしていたことがあった。もう、11時30分になると、そわそわしはじめる。会社からまつやまで15分くらいの距離である。その距離を小走りに行くのである。

3年間くらい、月曜から金曜日までほぼ毎日のように通った。昼に行けないときは夕方から行った。どういうわけか、おれは気に入ると〝憑かれたように〟通うのだ。

毎日、飽きもせずに、もり蕎麦かごま蕎麦を食べ続けた。当然、〝お運びさん〟とも顔なじみになり、一度は新宿に映画を観に行ったことがある。

ただ、それだけのことだ。

大晦日には、ごく親しい友人と年越し蕎麦を食べに行った。少し並ぶが、じきに席に案内され、酒の肴を何品かとり、いつものように蕎麦を肴に酒を数本づつ飲んだ。いい風情だった。

蕎麦の話をもう一つ。

蕎麦好きの方ならば高橋邦弘氏が、西武線の椎名町で「翁」という蕎麦屋を開業していたことは当然ご存知だろう。しかし、今となっては椎名町の「翁」で蕎麦を食した人はそんなに多くはないのではないか（そんなことはないか）。

氏が椎名町「翁」を開店して間もなくだったと思う（店員は誰もいなかった）。通ぶった若造（おれ）は、どういうことからか「翁」にいそいそと出かけて行った。お銚子二本を注文し、もり蕎麦二枚、次に温かい汁蕎麦を食べた。

若造はいたく感動し、その蕎麦の秀逸さを褒め讃え、高橋邦弘氏を激励した。

その後、高橋邦弘氏のご活躍と日本蕎麦業界への貢献は、周知のことであろう。

ワタクシが褒めようが褒めまいが、激励しようがしまいが、なんの関係もない。

しかし、ほかに客ひとりもいないお店で（閉店間際だったかもしれない）、ちょっと酒が入り気が大きくなって高橋氏を励ましている自分を思い出すとホント、いやになる。

飲み屋の原風景

冬ねぎと鶏ささみのマヨネーズ和え

―1989年、京成立石にて―

京成立石という、酒好き飲み屋好きにはよく知られた町がある。30年ほど前、どういう経緯か忘れたが、半年に満たない数ヶ月ほどの短い期間、この町に住んでいたことがあった。

改札を出て階段を降りると、商店街が線路をはさんで左右に分かれていた。今や超有名店になったモツ焼き屋、すし屋などは、右側にある。立石という町は、焼鳥屋、一杯飲み屋、ラーメン屋（忘れもしない「蘭州」のラーメン、水餃子）など、どこに入っても美味しかった。〝外れ〟がなかった。

「蘭州」のオヤジは中国人だった。日本語がたどたどしかった。オヤジといっても、間違いなくおれよりも若かった、と思う。「蘭州に帰りたい」とオヤジはいった。深夜、客はおれ以外誰もいなかった。オヤジはおれに背を向けて、その背中をヒクヒクさせて泣いていた。静かなさびしさが店内にひたひたと満ちた。

その名店揃いのなかに、鶏肉小売店の裏側で、若鶏の丸揚げを売りにしている「鳥房」という店があり、その店のサイドメニューの一つが「冬ねぎと鶏ささみのマヨネーズ和え」である。

毎回、その店に行くと、決まって「鶏の丸揚げ」半身と「冬ねぎと鶏ささみのマヨネーズ和え」を食った。それ以外のものを食べた記憶がない。鶏の丸揚げ、と書いたが、唐揚げのように衣がついているわけではなく、いわゆる〝素揚げ〟だが、薄く味つけがなされていたかもしれない。今も多分そうだろうが、ここの丸揚げ、クリスマス時には一ヶ月も前から予約しなければ買えなかった。

「冬ねぎと鶏ささみのマヨネーズ和え」、作り方は、すぐにわかった。

根深ねぎの白い部分を、数ミリ程度になめ切りにする。熱湯にさっと通し氷水にとる。

生で食べられるような〝ささみ〟を、これまた熱湯にさっと通し、霜降りにして氷水にとる。

両方ともキッチンペーパーなどで水分をよく拭きとる。

ななめ切りのキュウリとねぎとささみの三者に塩で塩梅をし、辛子マヨネーズで和える。

この町の焼鳥屋の名店の一つに、まるで天童よしみ風に、髪を高く盛り上げる髪型をした名物ママがいたが、今はどうなさっているか。

おれは、この町の川沿いにあった安マンションの一室で、深夜、友人から「美空ひばりが死んだ」ということを知らされた。

理想の飲み屋の話

―『センセイの鞄』と酒の肴―

飲む人、ひとりひとりに「理想の飲み屋」はある。

おれが飲みはじめた頃、まだ、コの字型のカウンターの飲み屋さんがあった。大抵、カウンターには薄幸そうなおばちゃんがいた。賑やかな客は小上がりで飲んでいた。おれはいかに才能にあふれていて、もう少しで世の中に認められるのだ、というようなことを話しても、おばちゃんはふんふんというだけだった。おれは今でも、失われてしまった、そういうのんびりした飲み屋に、もう一度行ってみたいと思う。

誰もが知っている『センセイの鞄』（川上弘美／2001／平凡社）という、恋愛小説がある。おれは川上弘美がどういう飲み屋、居酒屋が好きなのか知りたくて、小説のなかで、よく行く居酒屋で注文する酒の肴を書き出してみた。

ツキコさんという30代独身女性が、駅前の一杯飲み屋で、高校時代の老国語教師と隣り合わせになる。

偶然にも、そのときふたりが注文した酒の肴は同じものだった。

「まぐろ納豆、蓮根のキンピラ、塩らっきょう。」

まぐろ納豆、蓮根のキンピラ、塩らっきょう。清々しい飲み屋の雰囲気が伝わってくる。

その後、ふたりは何度もその居酒屋に行く。そして注文する酒の肴。

「枝豆。焼き茄子。たこわさ。塩ウニ。湯豆腐。ぶりの照り焼き。鮎。ひややっこ。」

人それぞれの日常。自分の生活の届く範囲での日々。飲み屋で注文する肴は、日常のなかで食べているものよりも、少しだけ美味しいもの。〝たまかな生活〟。時間がゆっくりと過ぎていく。

先に、この小説は恋愛小説だと書いた。ここで描かれる恋愛は、普通のしかしひそやかなものだと、注文する酒肴が表徴する。

声に出して読んでみる。

「枝豆。焼き茄子。たこわさ。塩ウニ。湯豆腐。ぶりの照り焼き。鮎。ひややっこ。」

切なさが、くる。

東京で今一番美味しいレストランを数ヶ月前から予約する、世の中、そういう恋愛だけではない。

ひとりの生活を生きていたふたりが飲み屋で偶然に出会い、恋をして、そして、またひとりの生活に戻っていく。戻らざるをえない。

ツキコさんは、センセイの鞄のなかに、センセイの深い孤独をみる。

もう、ツキコさんは飲み屋でセンセイに会うことはない。

左写真はヒグラシ文庫鎌倉店のカウンター風景

はま太郎

シュウマイ・里芋のひき肉炒め

――料理が格段に楽しくなる。蒸籠《せいろ》のすすめ――

初めて蒸籠を買ったのは30代だったと思う。蒸すと旨い、ということはなんとなくわかっていたが、自分が使いこなせるとは思えなかった（今でも使いこなしているとはいえないが）。

懇意にしていた、井の頭線池ノ上駅前の台湾料理屋のマスターに、〝ちまき〟って蒸籠がないとできないかな、と聞いてみた。そんなことはないよ、蒸し器があればできるよ、という答えだった。

なんだ、どちらにしても蒸し器は必要で、それならばカッコいい蒸籠を、と決め、すぐに横浜・中華街に買いに行った。

最初に蒸籠を使って作ったのが、シュウマイだった。

シュウマイの皮、豚バラ肉のブロックを買い求め、豚バラを叩いてミンチ状にする。細かく刻んだ玉ねぎ、ニンニク、生姜の汁を入れ、少量の片栗粉でまとめる。シュウマイを包むのは2、3個試すとすぐにコツがわかった。

蒸し立てを、ニンニク醤油のタレ、酢醤油に豆板醤のタレなどで食べると、歓声をあげたくなるほどの美味しさだった。

それ以来、なんでも蒸した。

・海老のニンニク蒸し
・ブロッコリー（特に茎）
・冬瓜
・なす
・白身魚
・蒸し鶏、などなど

大根、ニンジンも下準備的に蒸す。

今回作ったのは、里芋のひき肉炒め。里芋を洗い、皮のまま蒸籠に入れ、竹串がすっと入るまで蒸す。皮を丁寧にむき、大きいものは半分にするなど、大小を調整する。フライパンでひき肉を炒め、色が変わったら酒、醤油、甜麺醤《テンメンジャン》、豆板醤を加えてさらに炒め、つなぎに水を少し入れて里芋を入れ炒める。できあがりに小ねぎを散らす。

なにしろ里芋が甘い。蒸すことによって水分が抜かれるからだろう。

卵黄の醤油漬け・明太子醤油漬け

―卵も魚卵も桁違いに旨くなる。あの店主秘伝の味―

ある時期、飯田橋で仕事をしていたことがあった。飯田橋や神楽坂の飲み屋を徘徊した。

もちろん「伊勢藤」などには近づかない。駄法螺を吹いても聞き流してもらえる飲み屋を、本能的に探し当てる。

例えば、「泥味亭」。居酒屋というよりは小料理屋か。なにを食べても美味しかった。ポテトレバー（？）は、今でも思い出す。そしてなによりも、甘鯛とか珍しい魚の一夜干しが旨かった。

おれは、なんの展望もない口先だけのフリーのコンサルだった。いや、そう自分でコンサルタントと名乗っていただけだった。そして、そういうおれよりも、なおも見込みのない広告代理店の若い営業マンを鼓舞激励するのが主な役割で、その人たちの金でおれは酒を飲んでいた。

いたたまれなくなって、おれはひとりで地味な飲み屋に向かう。その店は老夫婦（そのように見えた）で営まれ、常連客が多いが、いつ行っても静かな時間が流れていた。

旬の野菜料理が豊富だった。インゲンのおひたし、ブロッコリーのおひたし、ハスのきんぴら、という具合だ。

そこで、「小なすの醤油漬け」を食った。オヤジは醤油と酒の割合をぼそっと教えてくれた。

野菜でも魚でも、醤油、味噌に漬けると一段上等になるよ、といった。

卵黄の醤油漬けは、いくつかの作り方がある、なんらむつかしくはない。卵を一晩冷凍する。冷凍した卵を一晩解凍する。解凍した卵をむき、卵黄を、半量づつの酒（紹興酒）と醤油の漬け汁に数時間漬ける。もしくは、卵黄が入るくらいのアルミカップに卵黄を入れ、冷凍庫に。冷蔵庫に移して解凍するときに漬け汁をひたひたに注ぐ。酒（紹興酒）7と醤油3の割合の漬け汁に数時間漬けるだけで、筋子でも鱈子でも明太子でも、旨くなる。

高野豆腐煮しめ

―コの字カウンターとおばちゃんのひと手間―

子供の頃、大人たちが食べている、高野豆腐とかヒジキとか豆類（小豆、大豆）、要するに乾物のお菜がきらいだった。食べても美味しくなかった。しかしである。ふと気づくといつの間にか、そういうものがしみじみと旨いのである。

コの字型のカウンターで、おばちゃんがひとりでやっている飲み屋というのが、昔はよく（まだ）あった。

おばちゃんは、客が少ないと色々な仕込みをした。おれのような若造のいうことなど、はぃはぃとあしらっておけばいいのだ。おばちゃんは高野豆腐をぬるま湯にひたし、ゆっくりと戻していた。あるいは前夜からぬるま湯につかっていたのかもしれない。戻した高野豆腐を水にとり、両手で丁寧に水気を絞った。白濁した水が出なくなるまで、それを何度も繰り返す。

驚いたのは次である。完全に水気を切った高野豆腐を、油で揚げはじめた。カリッと軽く揚げた高野豆腐をようやく調味した出し汁で煮含めてできあがりだった。

何気なく〝高野豆腐の煮しめ〟を食っていたおれ。客の前に出てくるものは、そんなに簡単なものではなかった。

眼が啓かれた。

旬な地物野菜で仕込む

地元の幸、三浦大根

―瑞々しい大根で作る、大根と手羽元のスープと皮の漬物―

三浦大根は、鎌倉逗子から近い三浦半島で、江戸時代初期から栽培されていたという、いわば〝地域大根〟だ。〝練馬大根〟と同じように。そういう、その地域・地方にしか生育・生産されていなかったものは、無数にあるのだろう。そういえば、野沢菜は種子を持ち帰って植えても、単なる小松菜にしかならない、という話を聞いたことがある、うろ覚えだが。

さて、三浦大根は青首大根の約3倍くらいの重量がある。首の部分が細くて尻に向かって（地面下方に向かって）太くなっているため収穫時に抜き難く、高齢化が進む生産者から敬遠されているらしい。

肉質は緻密でやわらかく、煮崩れしにくいため煮たり蒸したりすると、驚くほど甘く美味しい。

まずは大根を3㎝くらいの輪切りにし、皮を厚く（1㎝強）むく。このむいた皮は干して漬物、割干し大根などにする。

3㎝ほどの輪切りの大根は、おれの場合は蒸籠で少し硬いかなという感じまで蒸す。柚子味噌やごま味噌をかけた風呂吹き大根、おでんのタネ。大根と豚バラ肉のオイスターソース煮。水煮した大豆と薄めの味で少し煮たあと、八丁味噌を溶き、味醂を入れ煮汁が煮詰まるまで煮上げる、味噌煮。蒸した大根に、繰り返し「いしる」を塗り焼く、〝大根いしる焼き〟は冬季しか食べられない絶好の酒肴になる。

いくつかに切ってモツやスジの煮込みに、千切りにして味噌汁に、と冬の大根は大活躍である。

○三浦大根と手羽元のスープ

今回取りあげた〝三浦大根と手羽元のスープ〟。もちろん、手羽元ではなく手羽先でもよく、戻した塩豚と三浦大根という組み合わせもいい。

鍋に手羽元と水を入れ、火にかける。沸騰したら2～3分茹でる。茹で過ぎはよくない、スープは美味しくなるが、その分手羽元の味が落ちる。手羽元は流水で掃除し、茹で汁はペーパーなりで濾しておく。蒸籠に入るボールか器にスープと蒸した大根を入れ、生姜、紹興酒、少量の塩と醤油で塩梅し、強火で10分ほど蒸す。

蒸すという行程を、煮たらどうなるのだろうか。よくわからないが、蒸すと味がやわらかくなるというか違うものにできあがるのだ。気のせいかもしれない。

○三浦大根の皮の漬物

厚くむいた三浦大根の皮を拍子木に切る。1~2日干し、同量の醤油と紹興酒に漬けるだけ。

漬けるだけ、というと、季節にはよく食べるのが小なすの醤油漬け。これは醤油5と日本酒2の割合の漬け汁に、ヘタをとり5~6時間漬けるだけ。大根の皮、小なすとも、簡単にできるが、食い過ぎるほど旨い。

冬ねぎ3種　―焼きねぎ・豆板醤炒め・ねぎ豆腐―

ねぎは日常的によく食う。薬味に小ねぎ（万能ねぎ）、〝ぬた〟に分葱《わけぎ》、麺類には九条ねぎ（この頃は、関東のスーパーでよく販売されている）。市場で〝リーキ〟などを見かけると、まずはそれを求める。九条ねぎが手に入らなかった頃は、京都錦市場に行くたびに、九条ねぎを一抱えほど買い、背負ってきたものだ。

さて、関東でねぎといえば、代表するのは根深ねぎだ。根深ねぎが主に食べられている関東周辺では、年末になり寒くなると、店頭に〝泥ねぎ〟として並ぶ。泥ねぎとは、畑で引きぬき、葉や泥、根っこがついたそのまま袋に入れて出荷されたもの。この季節の泥ねぎは寒さにあたることで風味が増し、火が通ることで甘みも増すので、鍋物や煮込み料理には最適、うっとりする。

○焼きねぎ

根深ねぎの白い部分、なるべく太いところを5㎝くらいのななめ切りにし、1㎝間隔

で切込みを入れる。フライパンに油をしき、焼き色がつき香りが立ち昇ってくるまでじっくり焼く。
焼けたらスプーンで醤油、黒酢、日本酒の順に入れ、手早く焼き上げる。

○豆板醤炒め

根深ねぎの白い部分を8㎝くらいに適当に切り、それを縦に4分割する。フライパンに油をしき、豆板醤、あれば生姜とかニンニクのみじん切りを入れて香りを立て、ねぎを炒める。黒酢少量で塩梅する。

○ねぎ豆腐

これは、家で豆腐を作ったときにはよ

焼きねぎ

豆板醤炒め

ねぎ豆腐の粥のせ

くやる（豆腐の作り方は38ページ）。

万能ねぎ（もちろん、分葱でも九条ねぎでもお好みで）を小口切りにする。

豆腐の上に、豆腐が埋もれるくらいにねぎをのせ、ごま油となるべく美味しい粗塩で調味する。夏は冷たい豆腐で、冬は豆腐を温めて。


ねぎの句には、忘れがたいものが多いような気がする。時折、ふと、くちびるからねぎの句がこぼれる。最後の句は、凡庸で、だからどうしたといいたいが、〝人生流亡者〟のおれとしては、やはり、なにかひっかかる。ひとりになってねぎを刻む台所には、冬の日が差し込んでいてもらいたい、とも思う。

ちなみに、芭蕉の〝葱白く〟の「葱」は「ねぶか」と読むらしい。

葱白く洗ひたてたるさむさ哉　松尾芭蕉
葱買うて枯木の中を帰りけり　与謝蕪村
夢の世に葱を作りて寂しさよ　永田耕衣
ふたり四人そしてひとりの葱刻む　西村和子

じゃが芋ロースト　―「ラ・ベットラ」落合務さんの極意にうなる―

もう十数年も前に、北九州市小倉に3年半住んでいた。小倉の百貨店の主催で、あまりにも著名な「ラ・ベットラ」の落合務さんの料理講習会があった。小倉に来る前に東京の「ラ・ベットラ」のランチを食べて感動していたおれは、生（なま）落合さんを近くに見ることができるというだけで、早速参加を申し込んだ。

その日、教えて下さったのは、

アーリオ・オーリオ・ペペロンチーノ

カラスミ粉と水菜のスパゲティー

じゃが芋ロースト

の3品だ。

今でもよく覚えているのだが、落合さんが「極意」として伝授されたのは「えっ、と思うくらいにオリーブオイルを使うこと」だった。それは美味しくなるよな、とおれは思った。

その頃、落合さん（知り合いでもなんでもないが）が率いる「ラ・ベットラ」は、日本で一番予約を取るのが難しいレストラン、とされていた

その落合さんが、すぐそばで料理する様子を見ていて、おれは声を出さずにうなった。火の加減とか、材料を入れるタイミングとかの塩梅が、実に小まめに繊細に、気を配られていることが、伝わってきた。レシピには書きようがない、言葉にはしようがない、些細なことが旨さを生み出すポイントだった。

その日以来、3品のなかで「じゃが芋ロースト」はなにかにつけてよく作る。

じゃが芋5～6個を大きめのサイコロに切る。ボールに入れ多めの塩と黒コショウをして、ボールを振る。出てきた水は捨てる。ローズマリーの葉と潰した一欠片のニンニク、サラダ油を加え、全体がなじむように、なおもボールを振る。

フライパンに移し、さっと炒める、炒めるというよりは熱する感じだ。それを耐熱皿に移し、オーブンで焼く。なに、芋が焼ければいいのだ。多分30分もかからない。一つ食べてみて、塩が足りなければ足す。多過ぎた場合は、次から塩加減を調整すればいいだけだ。

左写真は筆者もよく利用する、逗子駅近くの「逗子生産直売所」

逗子生産直売所
KAMAKURA BRAND

あやめカブの酢漬け

サンケイ新聞に掲載された「檀流クッキング」のなかで、一番簡単なので一番多く作ったのが、酢カブである。

今回は地元に出盛りの〝あやめカブ〟を使った。

カブならばなんでもいい。育ち過ぎたカブは皮が硬いのでむくが、基本的にはそのままでいい。茎の1㎝くらいを残し縦に切って、軽く塩もみをしておく。

小鍋に湯を沸かし、塩、砂糖、酢を入れる。味見をして加減を確かめる。おれの場合は、常備してある〝出汁つゆ〟（52ページ参照）で調整する。

その熱い甘酢を、塩もみしたカブにかけ回す、全体が甘酢に浸ればいいのだ。

カブの独特な歯ざわりが、飽きさせない。

正月だったり、お客さんがあれば、昆布の細い千切りや、紅い唐辛子の輪切り、黄色の柚子の皮の千切りなどを、熱い甘酢をかけ回す前に入れておけば、彩といい香りといい、立派な一品になる。


檀流クッキングにも、カブの酢漬けにも関係ないが、食事のときに〝漬物〟がないと、物足りなく思うタイプである。おれには、カブの酢漬けも漬物なのだ。

キュウリがあれば塩もみする、大根があれば、千切りにして塩もみし、ごま油をひとたらし。

時折、青物市場に育ち過ぎたキュウリが、一山100円くらいで売っていることがある。もちろん、見逃がすわけがない。板摺りをし、麺棒などで大きく叩き割る。なかの種などは取り除く。醤油、酢、豆板醤を塩梅した漬け汁に漬け込む。

これらが食卓にない食事は、さびしいと思いませんか。

村上春樹サラダ

―サラダの極北―

「僕もセロリ好きです。セロリとりんごとレタスのサラダをときどき作ります。そこにオリーブオイルと塩とレモン汁をかけます。噛み心地が独特で、「サラダの極北」という感じがあり、ナイスです。一度ためしてみて下さい。」

村上春樹『少年カフカ』（2003／新潮社）

セロリとリンゴとレタス。それに柑橘類。それに塩とオリーブオイル。

これ以外にも、ほうれん草と玉ねぎとトマト、水菜と玉ねぎとセロリ、大根とリンゴにカブとその葉っぱ、などなど、組み合わせ自由で美味しい。すべて「サラダの極北」とはいいませんが。

新玉ねぎが出はじめると飽きるまで食べる。多く食べるのは、トマトをスライスし皿に並べ、その上になるべく薄くスライスした新玉ねぎを、こんもりとのせ、塩とオリーブオイルそしてレモン汁、黒コショウを回しかける、というものだ。

わが「食品地政図」

―買い出しが楽しくなる、理想的な街―

さすがに億劫で、もう好んで引越しはしないと思うが、20歳過ぎから20回近くは引越ししたのではないか。引越し先で、あらかたの引越し荷物を解いて、さぁ、なにか食うか、となった頃から、近場で、蕎麦屋、すし屋、飲み屋、中華屋、イタリアン、そして魚屋、肉屋、八百屋、豆腐屋、スパイス屋を探しはじめる。

おれのなかで「食品地政図」と呼称しているものだが、それらが地図上を埋めないとなにやら落ち着かない。幸いなことに、現在の生活圏、逗子、鎌倉においては、ほぼ埋まっている。ただ、どうしても「モツ系（スジ、アキレス、ハチノスなど）」が弱いので、それだけは横浜橋通商店街まで買い出しに行く。

調味料であるが、重いもの（塩、醤油、味噌、味醂など）を中心に、ほとんどをネットで購入する。茶葉、オリーブオイルなどは好みのものを購入するが、例えば、お茶にしたって１００g、２０００円にしても10回飲めるとするならば安いものではない

入口
fjor

か、と思っている。

「食品地政図」といえば、3年半住んだ北九州市小倉はおれにとって理想的な街だった。繁華街の続きに「旦過市場」という素晴らしい生活市場があったからである。魚屋、肉屋（モツ系もあり）、八百屋、豆腐屋、味噌屋、製麺工場の売店、鯨肉専門店など、ほとんどが揃っており、それだけではなく、一軒一軒が相当にハイレベルだった。市場の酒屋では角打ちができた。

懇意にしていた魚屋からは、午前5時くらいに「大将（と呼ばれていた）、ヨコワ（鮪の小さいもの）のいいものがあるけど買う？」という電話がかかってきたりした。卸売市場にいる魚屋からだった。「買ってよ」といわざるをえない。こちらからも「帰りに寄るから、3000円見当の鮟鱇おろしておいて」などという電話をする。

この市場は、住まいからゆっくり歩き、川をこえて15分くらいのところにあり、休日などには、朝からうどん屋で酒を飲んだりしていた。思うに、夢のような日々だった。つけ加えるならば、住まいから歩いて数分のところに「月天」というラーメン屋があって、週に2回は行った。もしかすると3年半で300回くらい通ったかもしれない。ちなみに「月天」とは九州で「頑固者」の謂である。

―市場、〝なりはひ〟の立つところ―

「この地上で、私は買い出しほど、好きな仕事はない。あっちの野菜屋から、こっちの魚屋と、日に三、四度は買い出してまわっている。
日本中はおろか、ひょっとしたら世界中の市場を買い漁ってまわっているようなものかもわからない。」

『檀流クッキング』（文庫版まえがき）より

檀一雄の影響を受けたわけではないが、日本の主な「市場」は一通り回ったのではないか。釧路の和商市場、札幌の二条市場、小樽の三角市場、函館、青森、秋田、新潟、酒田、塩釜、氷見、金沢、京都・錦、大阪・黒門、明石・魚の棚、下関・唐戸、博多・柳橋、小倉・旦過、那覇・牧志などなど、あげていくとキリがない。

市場を目指してその地に行っただけではない。市場（特に魚市場）があるところは、往々にして「港町」や「海峡をはさむ町」、あるいは「島」への出立地が多い。凡庸な男は、そんな「水の流域」によくよく惹かれるものだ。

主に観光客目当ての市場に、おれは興味をすでに失っているが、築地市場や京都の錦市場などを見ると、ほかの観光施設にはない、強い競争力を持ったワンダーランドが、そこにあることに納得する。

築地市場の移転や、おれが一番愛着を持つ、北九州・小倉の旦過市場。その再整備事業など、よくよく考えてもらいたい、と思う。一度失われると、よみがえりはほとんど難しいことは、掃いて捨てるほどの前例が見事に教えてくれている。

さて、現在の、わが「食品地政図」上にある市場といえば、「鎌倉市農協連即売所」、通称「レンバイ」。レンバイの成り立ちは、けっこう古い。

市場入り口の案内板によると、昭和3年、当時不況に見舞われていた農家は、外国人牧師の「ヨーロッパでは農家が自分で生産した野菜などを決めた日に決めた場所で直接消費者に売っている」という助言により、「自立更生するため、生産するだけではなく、組織的な直売態勢を作ることが必要」という、先進的な認識から誕生、それ以降、90年続く農家運営の即売所である。

ともかく、売られているものは、「朝採りの野菜」（季節ごとに変わるが、トマト、小松菜、ほうれん草、ルッコラ、ズッキーニ、大根、竹の子、里芋など）、文字通りの真っ当な野菜

左写真は鎌倉の「レンバイ」で売られる春の野菜

200円
0120-51-8428

である。よいものは、それなりの対価がつくのは当然のことであり、スーパーなどとの価格比較は無駄というもの。卸売市場を経過していないので、時折、よいものが破格で売られていたりもして、重宝している。

なによりも、例えば大根でいえば、青首大根だけではなく、三浦大根、紅心大根、紫大根、黒大根など、珍しいものが季節によって販売されている。

市場といえば、最後に、書き忘れていたことを書き加えよう。ヒグラシ文庫を開店する直前に、沖縄の友人Nさんに会いに行った。毎夜、飲み回ったが、最後の夜、栄町市場の昼間の店が閉店して、シャッターが降ろされた前（当然にも通路）に会議机が出され、机上には一升瓶とコップ。机の下には、水道から引いてきたホースとバケツという、なんとも簡潔なる装備での飲み屋で飲んだ。酒の肴は近所から食べたいものを調達してくるのだ。友人は、おれを鼓舞しようと案内したのかもしれず、あるいは、こんな商売もあるよ、という軽い気持ちだったに過ぎないかもしれない。だがおれは、幼くも、そうか頑張ろう、ダメならば、またここに戻ればいいのだ、と心を奮い立たせたのだった。

酒宴を飾る役者たち

荒巻鮭の頭《かしら》
―見逃せぬ風物詩―

年に一本の荒巻鮭くらいは買えるようになりたい、長いことそう思っていた。

ヨーロッパ人が家畜を1頭、血の一滴まであますところなく食べ尽くすように、われわれは魚1匹を丸ごと食べ尽くす。代表選手は「鮭」である。鮭はエラ以外捨てるところがない。

カマからハラミは焼物用、背の部分は生食用に、脂分が少ない尻尾の部分は、醤油とサラダ油半々の漬け汁に一晩くらい漬けておいて、ソテーにする。背の部分は買ってきた日は刺身にするが（川に入った鮭には寄生虫がつくので刺身では食べられないが、外洋で漁獲された「トキ鮭」には、その心配がない）残りは皮つきのままラップして冷凍保存する。解凍して刺身で食べても、ルイベ（凍った刺身）として食べても極めて美味。あるいは、パンに少し強めの辛子を塗り、レタスやサラダ菜などとたっぷりのオニオンスライス、それに鮭の刺身をはさみ込む。これまた舞い上がりたいほどの旨いサンドイッチのできあがりである。

さて、いよいよ頭の部分だ。鼻先の軟

骨の部分を、なるべく薄く削ぎ切る。少々厚く切ってしまってもなんの問題もない。3㎝くらいしか取れないが、貴重品とはそういうものだ。塩水で洗うが、脂分が飛んでしまってはもともこもない。それをひたひたの酢に一晩くらい漬けておく。これが「氷頭《ひず》」であり、大根とニンジンの膾《なます》に和えると「氷頭膾」である。

そしてクライマックスは「三平汁《さんぺいじる》」。三平汁とは北国における魚汁の総称らしい。まぁ、名称はいいとして、氷頭を採取したあとのアラとか尻尾を湯通ししして水洗いをざっとする。大きめの

鍋に鮭のアラ、大根、ニンジン、玉ねぎなどを入れ、煮込みはじめる。アクはとったほうがいいかもしれない。基本的に塩蔵の魚なので、塩分もなにも加えなくてもよい。塩分が強い場合のみ、水と酒で調整する。じゃが芋なども加え野菜が煮え上がる頃、白ねぎを加えたらできあがりだ。フランスやドイツのポトフなんぞなにするものぞ、という気になる。現に黒コショウを挽いて入れてもいい。

長いこと、荒巻鮭の一本くらいは買えるようになりたいものだと思っていた。そして十数年間かは、それが実現した。札幌の狸小路にある有名な魚屋に毎年通った。ある年には、本当かどうかは知らないが、1万匹中、わずか1、2匹しか獲れないという「鮭児《けいじ》」を入手したこともあった。

今になって考えてみると、家（自宅）に人の出入りが多かったのである。毎週のようになにかと宴席が設けられ、朝、目覚めてみると、知らない人が廊下で寝てたりもした。その知らない人と、新たな仕事がはじまったこともあった。若かったのである。

今では、そういうことが億劫になり、家での飲み会は年に数回しかなく、自然と荒巻鮭を一本買うこともなくなった。

しかし、魚屋の店頭に荒巻鮭の頭が並べられているのを、よもや、見逃すことは今でもない。

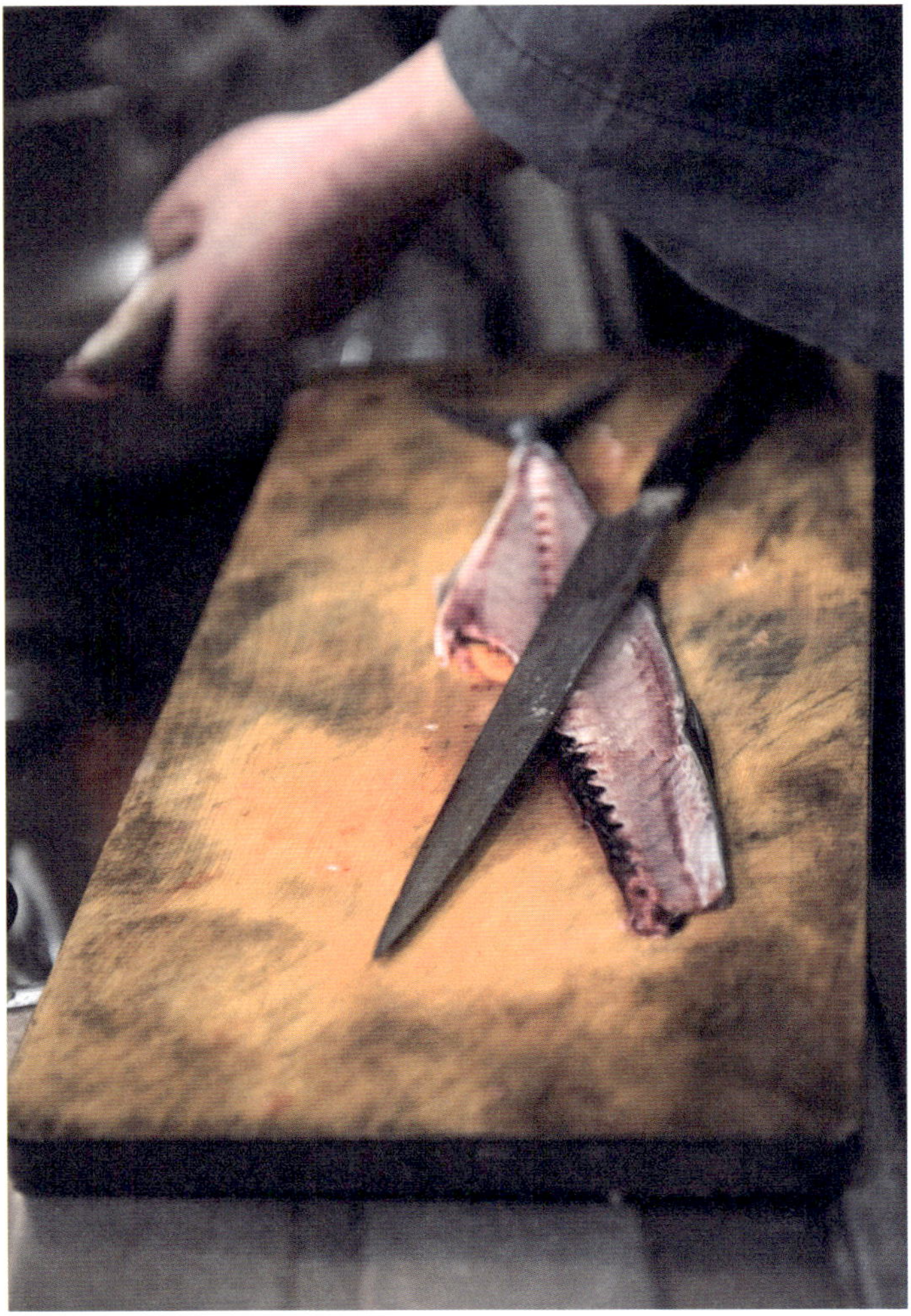

ナメタガレイの煮物

―風邪っぴき少年の御馳走―

どうしてなのか、子供の頃、風邪をひくと「カレイの煮付け」が出た。だから、カレイの煮付けは思い出の、なつかしい味で、魚の煮付けが食べたいな、と思うと往々にして「カレイの煮付け」を作る。

昔の話ばかりになってしまう。

今はわからないが、東京・渋谷の駅前に「東急プラザ」という百貨店があった。地下1階に大規模な魚屋があり、3年間くらい年末の1週間、売り子のバイトをした。ナメタガレイの切り身は高価だった。なにしろ、ナメタガレイを買っていく客といえば、上品そうなおばあさんだった。昔から煮付け用の魚としてとても人気があったことが納得された。

風邪を引くとカレイの煮付けを食べた、と書いたが、どういうわけかリンゴのすりおろしも出た。なにか意味があるのだろうか、それともわが家の古い因習なのだろう

か。ナメタガレイは、現在では煮付けを作る機会が減っているせいか、だんだん知名度が落ちてきているそうだ。とはいえ、高価なので主に料理店で使われるほか、デパートや高級魚店で売られ、一般のスーパー、一般の魚屋などではあまり見かけない。見かけたときは、即買いをする。

煮魚は煮込み魚ではない。煮魚は面倒くさいというイメージがあるのかもしれない。

魚の切り身をザルにとり、熱湯をかけ回す。切り身に残っているうろこや血合いなどを掃除する。

鍋に切り身を入れ、酒と水とで煮はじ

める、吹いてきたらアクをとり、少量の砂糖と醤油で味をつけはじめる。このとき、煮汁が少し多いんじゃないかというぐらいがあとできいてくる。

何度か調味料を加え、調整する。少し甘辛過ぎるかな、と思うくらいがいい。あれば、落とし蓋をして強めの火で7〜8分煮る。お玉で煮汁をすくい切り身にかけ回す。煮汁はふつふつとしているが、やがてその泡が細かくなってきたらできあがりだ。

煮魚は10分くらいでできあがる気合の料理だ。食べるときに、煮汁につけて食べる。身に味が染み込んでいないのが当たり前なのだ。

煮汁を多めにと書いたが、たっぷりの煮汁につけて食べるのはもちろん、残った煮汁を深めの器に移し、冷蔵庫に入れておくと、次の日には「煮凝り」ができている。熱い炊きたてのご飯にのせて食べたら、そりゃ、もう。

煮凝りは煮凝りと書くのが正しいのだろうが、おれは「煮凍り」と書きたい。

鮟肝煮　―丁寧な掃除が肝・―

鮟肝は旨いに決まっている。鮟肝は掃除さえきちんとすれば、誰が作っても上手くいく。

鮟肝を買ってくる。しばらく塩水につけておく。鮟肝をようく見て、血管や血だまりを細かく取り除く。血管の両端を切り、指で血をかき出す。血だまりも包丁を入れ、血を押し出す。

掃除をした鮟肝を器に入れ、日本酒をひたひたに注ぐ。器にラップをし、蒸籠で蒸す。蒸し上がったら水分を捨て、そのまま冷やす。

あとは、大ぶりにぶつ切りにして、ポン酢ともみじおろしで食する。

今回は毎回ポン酢では飽きてしまうので、蒸した鮟肝を甘辛く煮た。これは、ご飯のおかずにも、よく合う。

鮟鱇といえば茨城と、特に関東では思うが、水揚げ量が一番多いのは、下関だと聞

いたことがある。

北九州市小倉に在住の頃、寒い季節毎週のように家で「鮟鱇鍋」を食べた。市場で70～80㎝くらいの鮟鱇をさばいてもらう。吊るし切りなどにはしない、普通に出刃包丁でおろす。鮟鱇の身は、酒と少量の醤油で下味をつけておき、唐揚げにする。肝やほかの内臓、皮は貴重品でこれは鍋に入れる。そのほかのアラはすべて鍋の出汁にする。言葉にはできないほどの、上品な出汁が出る。出汁をとったアラは除き、鍋に入れるものは、内臓、皮、豆腐、ねぎくらいのもので、酒と塩と薄口醤油で味をととのえる。薬味はたっぷりの小ねぎ、ポン酢にもみじおろし。

関東に戻ってからは、時折、ぶつ切りになった鮟鱇を見かけるが、憑き物が落ちたように手が出ない。

大サービス
1本 5,800.-

鯛お頭の湯豆腐

―卓袱台に咲く高嶺の花―

鯛は畏れ多い。鯛は高嶺の花である。

魚にも分布図がある。関東は鮪、関西は鯛、北陸から九州北部は鰤である。

要するに、正月を迎えるにあたって、なけなしの金を払ってでも買おうとする魚が、地域によって違う。

さて、鯛であるが、多くの関東の人間にはなじみがない。なじみがないということは、そんなに貴重だとも思ってはいない。刺身盛合わせの一部に入っていることもあるが、その他大勢の扱いである。

おれは、年に何回か京都へ行くが、一番の楽しみは、新京極にある「蛸八」で鯛と蛸の刺身を食べることである。

「割烹 蛸八」と名乗っているが、カウンター10席ほどの、いわば「小料理屋」で、なにを食べても旨い。そのなかで、一番は鯛なのだ。「平造り」というのだろうか、端正さがおれにでも伝わるような「お造り」である。

京都に滞在していたある日、おれは思い立って明石の「魚の棚商店街」に行った。京都から明石は思いのほか遠い。たこ焼きだらけの商店街を二回りして、だいたいメドをつけた定食屋に入り、鯛の刺身と蛤の吸い物、酒一本を注文した。

店主が、鯛のお造りは切り分けましょうか、という。「角造り」という大振りの鯛を賽の目に切ったものと、平造りで出してくれるという。ふところのことを思ったが、もう明石に来てしまっている。刺身を大事に食べた、平造りと角造りの歯ごたえの違いなどはおれにでもわかる。飛び降りるつもりで、酒をもう一本注文した。

刺身を三分の一ほど残しておいて、ご飯を一膳食べた。旨かった。

地元にいるとき、鯛を丸一本買うことはない。狙うは鯛の頭である。鯛の頭を丁寧に掃除する、特にうろこはきれいにとる。頭は、気分で少し焦げ目をつけることもある。昆布の切れ端を入れ、出汁をとる。豆腐とねぎを入れて豆腐がぐつぐつ動きはじめるとできあがりである。頭の身はほじってポン酢で食べる。

横浜橋市

しめ鯖
―醤油皿にきらめく星屑―

しめ鯖（〆鯖）。若いときからしめ鯖は、外で食べるよりも家で作った。見た目でこれは、と思う鯖が買えれば、もう、こっちのものだ。鯖をお腹だけ出してもらって買ってくる。

しめ鯖を作るのには、無数の方法がある。例えば、塩ではなく砂糖でしめるとか。何例も試してみたが、やはり塩だ。

三枚におろし、よく掃除して、水気をキッチンペーパーなどで拭きとり、真っ白になるほど両面に塩をする。冷蔵庫で約3～4時間ほど寝かせる。

鯖は時間が経って水分が抜け、塩で身が引き締まった状態になっている。

それを1時間ほど酢でしめるのだが、酢に砂糖や柑橘類を入れて合わせ酢にする例もあるが、おれは生酢でしめる。必要ならば、食べるときに柑橘類などをかけるとよい。

さて、1時間も経つと銀色に光りを発するしめ鯖が出現する。しめたばかりの鯖の腹の部分を包丁で削ぎとり、中骨をピンセットで抜く。頭のほうからゆっくりと表面の皮をむいてできあがり。

食べるときの、とり皿の醤油に広がる、鯖の微小なきらきらした脂分を見るだけで満足する。

しめ鯖の棒鮨

―しめ鯖を仕込めば訪れる至福―

しめ鯖を作るときは、米を炊いてすし飯を準備する。しめ鯖の身の厚い部分を少し削いで、削いだ部分は身の狭い尾の部分におき、なるべく長方形にととのえる。なに、形がいびつなところは自分が食べればよいし、しめ鯖がのっていない部分も愛嬌だ。

巻きすを広げ、その上にラップをしいて、整形したしめ鯖をおく。その上に、棒状にととのえたすし飯をおく。ラップという便利なものがあるので、誰にでもできる。そう、量は、しめ鯖とすし飯ができあがり同量に見えるような塩梅がいい。

ラップで少々きつくしめた上で、巻きすで全体の形とバランスをととのえる。すしのなかで、素人が作っても美味しいのは、鯖の棒鮨と稲荷ずしではないか。それほどの美味しいできあがりである。

京都に行くと、帰り際に錦小路に寄り、棒鮨屋で鯖、穴子、などの切り落とし（端っこ）のセットを買う。新幹線のなかでビールとともに食す。至福ですな。

船場汁　—鯖三部作、完結編—

これは、しめ鯖と鯖棒鮨と、いわばセットである。

何十年も前に、檀一雄の「檀流クッキング」に出会ったことはすでに書いた。船場汁もそれから何回も、何十回も食べてきた、「檀流クッキング」の一つだ。

これまた、少し長いが引用する。引用は後年編まれた文庫本『檀流クッキング』から。

「塩サバだったら一度酢にしめ直そう。シメサバだったら、その漬かり過ぎのものでも、あまりものでも、なんでもよろしい。

刺身のあんばいに切る。

さて、シメサバにひたしておいたコンブを水煮して、ダイコン、ニンジンを短冊に切ったものを加え、刺身に切ったシメサバも一緒に鍋に入れて煮る。

ダイコン、ニンジンがほぼ煮上がったときに、塩加減をたしかめ直し、少々の酢と、酒をたらし込もう。火をとめる少し前に、白髪に切ったネギや、細く線に切っ

た針ショウガを落とし、あとは椀に盛りつけるだけだ。」

大阪の船場で、古くから食べられていたという、鯖のアラ（残り物）と大根、ニンジンを使った吸い物。しめ鯖などを作った新鮮な鯖の頭（エラは取り除く）、中骨などに熱湯をかけて余分なものを掃除する。アラと昆布少量で出汁をとり、大根、ニンジンを短冊にして入れる。旨いものです。

ところで、鯵の干物をきれいに食べたあと、残がいに熱湯を注ぎ、たらりと醤油で味をととのえると、これまた旨い吸い物になるのをご存じか。

海鼠《なまこ》

—哀感漂ういきもの—

海鼠が好きだ。季節になると、行く先々の飲み屋では、必ずといっていいほど注文する。家でもよく食う。「海鼠酢」である。そういえば海鼠といえば「海鼠酢」と、中華の干し海鼠を煮込んだもの以外に食ったことはない。

聞きかじりでは、海鼠は大きく「赤海鼠」と「青海鼠」に大別されるらしい。赤海鼠は岩礁で生育したもので、青海鼠は砂地で大きくなったもの。腹を割けば、どこで育ったかは一目瞭然。

海鼠は腹を割いて、内臓物を出し、き

れいにお掃除して適当に切って酢につけて食べるものだと、長いこと思い込んでいた。

もちろん、飲み屋さんでは「茶ぶり（65～70度程度の番茶で数回洗う行程）」などという手のかかる作業をしているらしい、ということも知ってはいた。しかし、自宅で茶ぶりのまねごとをして、ただ洗っただけの海鼠を食べ比べても、ほとんど違いはなかった。

しかしである。ある飲み屋さんで、次の日の海鼠酢の仕込みを見ていて、大げさにいうならば愕然としたことがあった。

まな板の上にきれいにお掃除された海

鼠が数匹のっている。その数匹にまっ白になるほど塩がかけられ、すっぽりと覆うほどのどんぶりがかぶせられた。少し傾けられたまな板の上で、どんぶりが力強く回され、どんぶりのなかでは海鼠が互いに激しくぶつかり合っていた。

驚くほどの大量の汚れとヌメリが、流れ落ちた。

それ以来、海鼠を食うときは、その行程を省略することはない。

海鼠を食うときに、いつも襲われる感情がある。孤絶という哀感である。これは、おれだけが感じているわけではないらしい。

芭蕉の次の句、

いきながら一つに冰《こお》る海鼠哉

元禄6年（1693年）の作とされる。亡くなる前年の句ということになるが、芭蕉晩年の軽みの境地をよく示す。

魚屋の店頭だろう、海鼠が入れられた桶の水が寒さのために薄く凍っていて、入れられている何匹かの海鼠も氷りついているように見え、なんとなく「一つ（一体）」のように見えてしまうのである。それも「いきながら」であるから、海鼠の形状と合わせて微笑ましさを誘うが、しかし同時に、笑うだけではすまされないなんともいえない哀感もわいてくる。芭蕉のこの句は、「海鼠」のリアリティを伝えてあまりある。
短歌も一首。

柑子割いて近づくわれに一塊の海鼠ぞ眠るたましひの色　　塚本邦雄

メバル蒸し
―蒸し魚、新しい天体―

昔、渋谷の道玄坂上に短期間住んでいたことがあった。歩いて7～8分のところに「文琳」という中華料理店があった。

若い頃は、今でいう「町中華」や、せいぜい、渋谷・道玄坂裏にあった「珉珉」などで、〝豚バラ炒め〟でパイカル（白乾）などをひっかけて、歩道橋をのぼれなくなったりするのが関の山で「麗郷」などは、人の金で行くところだったのだ。

「文琳」はそういうところとはちょっと違っていた。あの、なんていうか、格上というか別格というか、それまで行っていたところとは違い、〝お上品な味〟というのか、ふんわりと美味しいのである。

ここはオープンキッチンで、蒸し魚もここで盗み見て、早速家でやってみた。付け加えるならば〝マンゴープリン〟もここで生まれて初めて食べた。香港で生まれて初めて食べた〝グリーンカレー〟のときの衝撃と同じように〝新しい天体〟との遭遇だった。


白身魚（メバル、メジナ、イシモチ、鯛など）を求める。そのとき、できるなら腹（内臓）を出してもらう。

掃除をしたメバルの両面とも横長に切れ目を入れる。ねぎの青いところや生姜の欠片を皿にしき、メバルをのせ、酒をかけ回す。白髪ねぎや針に切った生姜をのせる、あれば彩に、赤ピーマンでも。

蒸籠に入れ、強火で5分ほど。あっという間である。

できあがりにかけるタレを作る、ナンプラーでもニョクマムでも、魚醤と醤油と砂糖と水を合わせると、なにしろ中華の感じが漂う。それを火にかけて熱くしておく。

メバルが蒸し上がったら、皿に出ている水分を捨てる。熱々のタレとごま油をかけ回してできあがり。

魚介といえば、〝アサリの酒蒸し〟もよくやる。砂出ししたアサリを皿に並べ、酒をかけ回して、強火で1分強から2分蒸す。魚醤とサラダ油と小ねぎなどを熱々にしておく。盛ったアサリにタレをかける。

フライパンなどで作る〝酒蒸し〟とは別物、アサリの身がふんわりとやわらかい。アサリのスープ。酒蒸しと同じように、砂出ししたアサリを器に入れ、酒と水、生姜の千切り、気持ち、塩を入れる。蒸籠に入れ、強火でまぁ10分くらいか、なにしろ、アサリの口が開いたらできあがり。白髪ねぎを配す。吸い物とどこが違うの、と聞かれても困るが。

魚の焼き物、煮物はもちろんいい。それに蒸し物が加わると、人生、得したような気分だ。

カブとリンゴと塩豚煮

―豚肉、食卓の万能選手―

肉といえば豚肉である。この頃、良質な脂を身にまとった豚肉にお目にかかることが少ない。豚肉から豚肉の香が失われた。子供の頃に食べた「豚汁」の豚肉の美味しさ。あの美味しさを味わうためにはどうすればいいのか？　高価な豚肉を買えば、味わうことができるのだろうか。

沖縄の民家に一泊したことがある。友人のおばあさんの家にお世話になったのだ。夕飯の準備を見ていると、おばあさんが出汁をとろうとしている。おれの知っている限りだと、昆布は火にかける前に30分くらい水につけ、火は中火で10分ほど、沸騰寸前で昆布を取り出す。それに、鰹節を入れ中火～強火にかけ、再沸騰すれば出汁のできあがり、というものだ。おばあさんの出汁はそんなことは関係なく、最初から昆布も鰹節もすべて入れて、ゴンゴン強火で昆布がくたくたになるまで炊くのだ。

それでいいのだ、料亭じゃないのだから。塩豚のスープと合わせた「野菜と塩豚のスー

プ炊き」の美味だったこと。蒙が啓かれるとは、こういうことだ。

豚バラ肉の水分をよく拭きとる。肉の表面に岩塩をまぶし手ですり込む。空気に触れないようにラップで包み込む。冷蔵庫で寝かせるが、様子を見て水が出るとラップを替える。5~7日で熟成する。

水で塩出しをする。おれの場合は、余計な塩分脂分を取るために一度煮こぼす。それからねぎの青いところや冷蔵庫にある野菜の切れ端を入れ、塩豚を茹でる。茹で上がったら、スープが冷めるまで、そのままにしておく。

塩豚とカブとリンゴを炊き合わせるのだが、カブとリンゴはあっという間にやわらかくなるので気を抜けない。カブとリンゴを串で刺して少し硬いかなくらいで火を止め、あとは余熱で。

塩味は十分のはず、コクが足りない場合、おれは鶏やホタテの顆粒スープを加えることがある。

塩豚はロースターなどでこんがり焼いてもよく、サンドイッチにしたり、なにしろ重宝する。

豚肩ロース低温チャーシュー

―炊飯器で作れる―

豚肩ロースブロックに塩コショウする。

ジップロック的なフリーザーパックに、肉と赤ワインを入れて揉み、一晩冷蔵庫に寝かす。空気を抜き、なるべく真空状態にして、炊飯器に入れる。

60～70度で5時間保温する。炊飯器に保温機能がついてから数限りなく作ったが、安い豚肉はこれが一番。

鶏唐揚げ

―一枚揚げオンザライス―

若い頃から何十回も作り、「鶏唐揚げ」と呼称しているが、皮がこんがりからっとするということで、そう呼んでいるに過ぎない。いわゆる普通の鶏唐揚げを作ったことはない、のかもしれない。

材料の鶏もも肉だって、以前は、一枚食べて、もう少し食べようかな、と思ったが、今は、一枚を揚げると、2回に分けて食べる始末だ。

鶏もも肉を、海水よりもいくぶん薄い塩水に数時間浸しておく。豆板醤、ナンプラー、砂糖、醤油、レモン、水などのかけ汁を作っておく。浸しておいた鶏肉の水をよく拭きとり、鶏肉全体に片栗粉をまぶす。フライパンに鶏肉が半分埋まるくらいの油を入れ、適当な温度になったら鶏肉を入れる。最初は強火、途中から中火にし、色づいてきたら鶏肉をひっくり返す。上下の色が同じようになったらできあがり。

刻んだ玉ねぎ、千切ったレタス、軽く湯がいたモヤシなどを、どんぶりに盛ったご

飯の上にのせ、さらに、適当に切った揚げたての鶏肉を、それに用意していたかけ汁をかける。〝唐揚げ〟というと、揚げた鶏肉に、塩とレモンをかけて食べるのが一般的だろうが、飯の上にのせて食うという食べ方が、若い頃から作り続けてきた要因だと、書いている今気づいた。なにしろ、どんぶり飯は旨い。

今回は取りあげなかったが、数年に一度やる牛ステーキのことを。

関西で食べると美味しいものがある。鯛、蛸、鱧、牛肉など。

たった一度だけ、ふたりで4万数千円もする、京都のステーキ屋に行ったことがある（赤ワインを二杯づつ飲んだ）。どうしてそういう有様になったのかは忘れたが、今考えても血迷っていた、と思う。

次の日、そのことを自嘲気味に関西の友人に話した。

「旨い肉は旨い、旨い肉は高いんだよ」

京都の友人はそういった。

「地元の人はステーキ屋などには行かない。家で食うんだ」

と友人は続けた。

「100g、3~4000円のステーキ肉を買ってくる。裏表に塩コショウする。熱くしたフライパンに油を薄くしく。時々揺すって、焼き目がついたらひっくり返す。中火にして、大きめに切ったバターを入れジュワーときたら適当に醤油を垂らす。そこへ日本酒を入れて、ちょっとしたら肉を取り出し皿に盛りつける。フライパンに残った肉汁とバターと醤油と日本酒がソースになる。3~4000円の肉で5分の仕事だ」

それ以降、数年に一度くらい、おれは自分ひとりで肉を焼く。ニンニク醤油で食う。ものすごく旨いっ!

蒸し鶏

―蒸気がもたらす時短料理―

鶏胸肉を薄い塩水につけておく。取り出して水分を除き、皿にのせ酒を振りかける。

ねぎを白髪に切り、またはピーマンの千切り、モヤシなどを鶏肉の上にのせ蒸籠に。

強火であっという間にできあがる。酢醤油に、ごま油、豆板醤などを少量入れたタレをかける。

カレーよ、カレーよ。

カレーライス　―TBS会館地下、スパイス香の記憶―

「ライスカレーにまつわる少年の日の思い出というものを、誰でもそれぞれ一つは持っているにちがいない。」

吉行淳之介『アンソロジー　カレーライス!!』（2013／パルコ出版）

「君も猫もみんなみんな
好きだよ　カレーライスが」

遠藤賢司「カレーライス」

いよいよカレーである。カレーライスという食べ物には、誰でも一家言ある。そして、誰もが、自分の作ったカレーが世界で一番旨い、と思っているものだ。

少年の日の思い出というものではないが、若かりし頃のカレーライスの思い出。

その頃、おれは東京・赤坂のTBS会館近くの、小汚いマンションの一室を事務所にしていた友人から机を一つ借りて、フリーランスのライターという、いかにもうさん臭い仕事をしていた。

主な仕事はマイナーな美術雑誌の埋草原稿書きで、入るときは徹夜仕事になって、ないときは1週間も電話がならなかった。要するにヒマだった。

友人も忙しそうにしていたが実はヒマだったので、昼ご飯にたっぷりの時間をとることができた。よく通ったのは二軒、両方ともTBS会館の地下にあり、一軒は「トップス」（もしくは「サクソン」だったか）というカレー屋だった。今になって思うと、いわゆる「欧州カレー」というのか、甘めのカレーだった。カレーとライスが別盛りになっていて、それだけで高級感を感じさせた。そのうえ、ライスには干しブドウが入っているのだ。それまで食べていたものとは別物だった。

どれだけ通ったろうか。少し金があると有頂天になり、デザートにチョコレートケーキを食ったりした。

もう一軒は「青冥」という中華料理店で、お目当は、中華麺の上に東坡肉《トンポーロウ》をのせた

あんかけ麺だ。煮込んだ豚肉はとろけるようで、脂の甘みと八角の香りで目がくらみそうになる。連日食うと罪悪感が感じられるほどだった。

ある朝、普段通りに出勤（?）すると、マンションのドアの鍵がかかっていない。書置きがあり、もう家賃が払えなくなり撤退するので散会しよう、とあった。しばらくたって、その友人を新橋で見かけたが、元気そうだった。

○ポークカレー

豚肉を前夜からカレー粉にまぶしておく。玉ねぎを生姜、ニンニク、鷹の爪などとともによく炒める。豚肉も入れ、なおも炒める。塩豚の茹で汁などがあればいいが、なければ水でかまわない。小一時間も煮て、とろみがほしければ、じゃが芋をすりおろす。

クミンシード、ターメリック、カイエンペッパー、コリアンダー、クミンパウダーなどのスパイスを入れ、辛くしたければカイエンペッパーを足し、甘みがほしければハチミツ少々、酸味はトマト缶を入れる。最後にガラムマサラを。当然であるが、次の日が旨い。

○スジカレー

牛スジ肉1kgを購入し、アクをとるために二度茹でこぼす。温水でよく掃除をする。クズ野菜とともに圧力鍋でやわらかくなるまで煮る。半量をスジ煮込みにし、半量をカレーにする。スープもそれぞれ半量づつに分ける。

作り方はポークカレーでもチキンカレーでもスジカレーでも基本は同じ。

しかし、スジカレーはある種の別な旨味を持つのだ。とろみもアキレス腱が溶けてなんともいえない。これは、牛スジ教信者の単なる思い込みであるかもしれない。

エティーミート
白井肉店
精肉・内臓・卸し・小売　TEL　231−7269

おわりに

この拙い本を書くために、数十冊かの料理本の類い、例えば、『日本一の野菜レシピ』、『絶品おつまみ365』、『ザ東京グルメ』、『10人の美食家たち』などなどにざっと目を通してみた。そのなかの一冊『男百人男だけの肴』（佐々木久子・編／1978／鎌倉書房）中の文章に瞠目した。

特にグルメ本のほとんどは、こんな美食を食べてる自慢に陥りがちだが、その自慢の仕方がまるきり違った。一部を引いてみる。

私は、はしご酒で。

新宿ゴールデン街はしごして、一晩に、だいたいウイスキー一本くらいかな。篠原勝之（クマ）とか、映画屋の長谷川元吉とか、唐十郎とか、ま、四人でクルマ座になって飲めば、四人で二晩つづきでウイスキー一ダースくらいあけるカンジ。

で、サカナがなくなると、ポスターの紙をあぶって、ショーユつけて食べますね。

嵐山光三郎「ゴールデン街風物詩」

こういう自慢の前に、凡百のグルメ自慢はすっかり色あせてしまう。おれも、イブリガッコ色になった、舌代の紙を軽くあぶって食べそうになったことが、何度かある。

もう一冊。『すきやばし次郎　旬を握る』(里見真三／1997／文藝春秋)。

「すきやばし次郎」主人の小野次郎氏は、9歳で割烹旅館に丁稚に出、26歳で江戸前寿司の名門に遅まきの再入門をする。それ以降、苦労に苦労を重ね、93歳の現在まで包丁一筋の人生を送っている。

その小野次郎氏が、こう語る。

「ちなみに、平成八年七月十二日のシンコの初物は史上一番の高値で、一キロ六万円もしました。

シンコ一枚の原価は、ざっと六百円です。これは二枚づけサイズだったから、握り二貫だと、その四倍。もちろん一枚づけのコハダの十倍はかかる手間賃は乗せてません。

…（略）…

いやね、そんなに頂戴するわけじゃないんですよ、本当の話がシンコもコハダも、いつもとおなじ一貫五百円です。それ以上は頂けないじゃないですか、たかがコハダの握りに。

「損してまで、何で握るんだい？」

って、よく聞かれるんだけれども、それが職人の意地というもので、儲かるとか損するとか、そんなものはこの際は度外視です。」（すきやばし次郎　旬を握る）

いくらシンコが好きだからといって、何貫も注文するのは恥ずかしいこと、と勉強する。たかがコハダの握りに、といってしまう小野次郎さんの人生に思いを巡らす。

もう一冊、「場所」という観点から書かれたものをあげる。

「私がいい街だなと思う判断基準は、住みたくなるということもあるが、それ以上に、その街に楽しそうにしている人が、どれだけ溢れているかである。

…（中略）…

街を都市的にするというのは、何度もいうが、自由度を増すということに等しい。たとえば、高円寺は都会的ではない。ブランド店はないし、駅ビルすらない。スターバックスもＴＳＵＴＡＹＡもない。もちろん都心ではない。でも、人を集める都市的魅力がある。つまり自由が感じられる。それは消費者が集まる場所というだけではない、人間のいる場所としての魅力だ。」

三浦展『人間の居る場所』（２０１６／而立書房）

美味しいものも、食べる場所・状況によっては色あせるものだ。ヒグラシ文庫は、そのことを考える。気持ちはゆったりになりましたか、楽しいですか。美味しいですか——。

さて「瓢箪から駒」で、このような、なんといったらよいのかわからない書物ができた。今までも、何度か料理本を出さないか、というお話をいただいたことがあったが、おれの怠惰な性分が、うやむやにしてきた。それを、あっという間の力技で形にして下さったのは、ふたり出版社「星羊社」の星山健太郎さん、成田希さん。この書物は、おふたりの若い力がもたらす蛮勇の賜物であり、お礼の言葉もない。

おれが現在住んでいる逗子という町は、1968年前後、若かりし森山大道、中平卓馬という両巨匠が在住していて、〈PROVOKE（挑発）〉を企んでいたという、写真家にとっては伝説の町でもある。

写真は、逗子在住の文字通りの新進気鋭、有高唯之さんにお願いした。有高さんとは、ヒグラシ文庫で出会った。この出会いが、なにかを生み出していきそうな気もしているが、彼の（写真展などで見る）写真をいちいちホメルことはない。彼は、やがて、もっともっと深い写真を撮るだろう。楽しみにしている。

著者　中原蒼二（Souji Nakahara）

１９４９年生まれ、東京出身。現在、鎌倉と逗子を分ける谷戸の陋屋《ろうおく》に在住。演劇・舞踏のプロデュース多数。都市文化施設計画のプロデュース多数。北九州角打ち文化研究会関東支部長。北九州市の情報誌『雲のうえ』立ち上げに携わる。「水族館劇場」制作代表。立ち飲み屋「ヒグラシ文庫」（鎌倉・大船）主宰。

撮影　有高唯之（Tadayuki Aritaka）

１９７１年生まれ、石川県金沢市出身。逗子在住。写真家。１９９８年よりポートレートを中心にカルチャー誌で写真家としてキャリアをスタートし、広告、ＣＤジャケット、書籍等で独自の感性で捉えた作品を発表している。ライフワークとして世界各地の皆既日蝕の撮影を続けながら、東京から逗子に拠点を移してからは三浦半島をテーマに撮影を行なっている。２０１８年５月に、処女作となる三浦に生きる人のポートレート写真集「南端」を上梓。

わが日常茶飯

—立ち飲み屋「ヒグラシ文庫」店主の馳走帳—

著者　中原蒼二

2018年6月20日　初版発行

発行人　星山 健太郎

発行所　株式会社　星羊社
〒231-0045
神奈川県横浜市中区伊勢佐木町1丁目3-1 イセビル402
tel　045-315-6416
fax　045-345-4696
HP　http://www.seiyosha.net
mail　info@seiyosha.net

印刷　株式会社 シナノ

ISBN 978-4-9908459-8-8
C0095　¥1481E
定価：　本体1481円+税